Chevalier DE BEAUTERNE

SENTIMENT
DE
NAPOLÉON Ier
SUR
LE CHRISTIANISME

RECUEILLI

PAR BATHILD BOUNIOL

QUATORZIÈME ÉDITION

REVUE PAR

Ph.-G. LABORIE

MEMBRE TITULAIRE DE PLUSIEURS SAVANTES
(Histoire, Archéologie, philosophie)

PARIS

PIERRE TÉQUI, LIBRAIRE-ÉDITEUR

82, RUE BONAPARTE, 82

1912

SENTIMENT

DE

NAPOLÉON IER

SUR

LE CHRISTIANISME

Chevalier DE BEAUTERNE

SENTIMENT

DE

NAPOLÉON IER

SUR

LE CHRISTIANISME

RECUEILLI

Par BATHILD BOUNIOL

QUATORZIÈME ÉDITION

REVUE PAR

Ph.-G. LABORIE

MEMBRE TITULAIRE DE SOCIÉTÉS SAVANTES

(Histoire, archéologie, philosophie)

PARIS

PIERRE TÉQUI, LIBRAIRE-ÉDITEUR

82, RUE BONAPARTE, 82

1912

PRÉFACE

DE LA QUATORZIÈME ÉDITION

———

Le présent ouvrage, on le sait, est un de ceux qui complètent le mieux l'histoire de la grande Epopée napoléonienne. Du jeune officier de Toulon, au brillant général des campagnes d'Italie et d'Egypte, héros de Brumaire, Premier Consul et Empereur, tout était connu, car l'histoire nous le rapporte.

Mais si Waterloo a brisé son épée, que va-t-il faire des six années qui lui restent de vie ? — Son vaste génie n'a rien perdu de sa puissance; et l'inaction que lui fait l'adversité n'empêchera pas cet aigle, aux ailes blessées mais invaincues, de prendre son essor vers les sublimes hauteurs où siège en souveraine l'Intelligence incréée. Là, il contemple la Vérité dans son être et dans sa source, et il juge ce bas monde et les graves problèmes qui l'agitent; là il comprend mieux la question seule capitale tant discutée et toujours vivante : *le Christianisme*. Et il conclut, comme tous les grands génies, ses aînés dans l'histoire des siècles : « Les peuples passent, les trônes s'écroulent, et l'Eglise demeure! »

Que d'actes solennels, dans sa vie de souverain, avaient tantôt réjoui et tantôt attristé cette Eglise! Ce que pensait, ce que disait l'Empereur dans ses conversations religieuses avec son entourage, importait donc à la fois à l'histoire de l'Eglise catholique, et à l'histoire de Napoléon. Disparu des champs de bataille, où il fut plus grand qu'Alexandre et César; descendu du trône de cet empire d'Occident où, à de certaines heures, il fut vraiment un nouveau Charlemagne; le reste de sa vie, ses jugements et ses pensées, nous appartenaient encore. Aux Ecoles militaires, revient l'étude de sa stratégie dans les grandes opérations de la guerre; mais aux hommes d'action sociale, aux philosophes incroyants ou chrétiens, aux ennemis comme aux amis du Catholicisme, doit revenir l'étude de ses six dernières années : il a glorifié Dieu, reconnu son Evangile, condamné les hérésies, demandé un prêtre et un autel, reçu les derniers sacrements.

C'était quinze ans à peine après la mort de l'Empereur, M. le Chevalier de Beauterne se mit à recueillir les documents les plus authentiques qui établissaient ces divers actes de foi de l'illustre Exilé. A ce moment, les compagnons de Napoléon à Sainte-Hélène vivaient encore; le cardinal Fesch, mêlé auparavant à tant d'actes solennels, résumait ses souvenirs; les cardinaux Consalvi et Pacca avaient écrit leurs *Mémoires;* et des glorieux soldats de la grande Epopée napoléonienne, beaucoup étaient survivants. Pas un village peut-être qui n'eût compté quelqu'un des siens, ou mort au champ d'honneur, ou revenu auréolé de quelque rayon de gloire; et il n'était guère de chaumière où, au milieu des populaires images d'Epinal, on ne vît à la place d'honneur le portrait aimé du *Petit Caporal*, gloire et génie de la France moderne. — Et c'était l'heure où la Monarchie de Juillet allait faire revenir de Sainte-Hélène « aux bords de la Seine », comme il l'avait écrit dans son testament, les cendres de l'immortel Empereur.

Un jour, le Neveu parut. Sans doute, Strasbourg est un échec qui l'exile, et Boulogne un échec nouveau qui le conduit à Ham; mais, quelques années encore, et cinq millions d'électeurs lui ouvrent les portes de l'Elysée. Simple étape, pour prendre contact. Quatre ans après, il entre aux Tuileries. Le grand nom de l'Empereur Ier, —

comme on disait alors, — revivait; et, bientôt, les circonstances firent que la campagne de Crimée vengea la défaite de Moscou. Il ne s'était écoulé que six semaines d'années. — On sait la suite, qui est de l'histoire vécue sous nos yeux; chacun peut l'apprécier.

Mais un fait est certain. A côté de la *Presse napoléonienne*, dont les journaux arrivent chaque matin dans la majorité des communes de France, — le *Théâtre*, sur ses diverses scènes, a produit de nombreux chefs-d'œuvre où sont glorifiées à la fois les aigles victorieuses et les institutions déjà séculaires de Napoléon Ier, tant ce grand nom inspire les poètes, grandit le talent des acteurs, ravive l'enthousiasme des masses. Lequel de nos lecteurs n'a pas battu des mains, ou senti son cœur ému, à ces grandes évocations, comme celles, par exemple, à jamais impérissables dans leur sublime poésie, qu'on admire dans l'*Aiglon!*

Une seule institution de Napoléon Ier a sombré dans la lutte des partis, devant une coalition innommée. C'est que la Religion n'est pas un parti, mais une force « qui met un frein à la fureur des flots » des passions humaines, et qu'il fallait la dépouiller pour l'affaiblir. D'ailleurs son Chef suprême n'a pas à sa disposition « les deux cent mille hommes », même fictifs, avec lesquels l'Empereur voulait que l'on comptât. Le *Concordat* n'était qu'une institution humaine, et il a disparu; l'Eglise de France n'avait plus besoin de cet appui devenu une entrave, et, malgré ses adversaires, elle ne s'en porte que mieux.

Cela nous ramène au christianisme de Napoléon. Quelle fut l'utilité et l'influence du beau livre du Chevalier de Beauterne ?

Il eut pour titre : *Sentiment de Napoléon sur le Christianisme. Conversations religieuses recueillies à Sainte-Hélène.* On y trouvait des détails que n'avaient fait qu'esquisser les *Mémoires* de M. de Las Cases, et autres auteurs de l'entourage, ou les auditeurs de leurs récits; on y voyait surtout comment le vaste génie éloigné des champs de bataille connaissait maintenant et jugeait ces autres luttes de la pensée et de la religion, des religions entre elles, et des incroyants imbus des doctrines de Voltaire et de Rousseau avec la grande doctrine divine du christianisme et de ses œuvres le long des siècles.

C'était merveille ! les hommes d'ordre et de foi les lisaient avec joie, des anti chrétiens se laissaient convaincre, ne dédaignant pas d'avouer qu'il n'y a pas faiblesse pour eux à suivre l'exemple d'un aussi grand génie converti à son couchant; et les missionnaires de France, les prédicateurs des grandes chaires aimaient à citer fréquemment l'opinion toujours écoutée du glorieux Empereur revenu à la foi pratique.

Il en fut de même sous le second Empire. Mais

M. de Beauterne était descendu au tombeau; et l'éditeur pria M. Bathild Bouniol de préparer une édition nouvelle de cet excellent ouvrage.

Celui-ci reprit donc le travail de M. de Beauterne. Il en retrancha quelques digressions ou dissertations qui lui semblaient surcharger inutilement le récit; ou qui, « à la gravité du sujet, mêlaient fâcheusement de petites questions de personnes ». Et il y louait hautement « l'intérêt supérieur de documents tout nouveaux et de détails curieux, qu'on ne trouvait que là, et qu'il fallait savoir gré à M. de Beauterne d'avoir découverts et mis en lumière ». — « Outre que l'auteur, dit-il, s'appuyait sur des autorités qui méritaient considération, la comparaison de ce qu'il avait évidemment tiré de son propre fonds, assez riche pourtant, avec les morceaux importants donnés comme l'écho fidèle des conversations religieuses recueillies à Sainte-Hélène, semblait la meilleure preuve de leur authenticité. »

Déjà, au reste, l'éditeur de M. de Beauterne avait eu lui-même à Rome plusieurs longues conversations avec le cardinal Fesch, en 1838, qui sont rapportées dans cet ouvrage; puis, en 1841, le général de Montholon écrivit à l'auteur qu'il venait de le « lire avec un vif intérêt, et qu'il ne pensait pas qu'il fût possible de mieux exprimer les croyances religieuses de l'Empereur ».

Les retouches et corrections de M. Bathild Bouniol ont cependant « élagué tout ce qui lui paraissait nuire à la véracité du récit, ou qu'une critique sévère pouvait hésiter à admettre ». Il trancha ainsi des pages nombreuses, et même des parties entières de chapitre, faisant du livre de M. de Beauterne « un livre entièrement nouveau, tout à la fois attrayant et solide, court et substantiel, de ceux qu'on met le plus utilement dans les mains de tout homme qui cherche la vérité de bonne foi ».

Cependant, M. Bathild Bouniol a compensé ces suppressions « par des anecdotes intéressantes et peu connues, par des documents et des chapitres nouveaux, et notamment par le dernier chapitre sur les *Héros chrétiens de l'Empire*, qui font un Appendice naturel de l'ouvrage, et le termine très heureusement ».

Ainsi refondu, et augmenté de nouveaux documents, le livre de M. Bathild Bouniol eut à son tour de nombreuses éditions. C'était après 1860; et longtemps le libraire-éditeur écoula des éditions successives. Que de fois, dans des discours solennels de la tribune, du barreau, ou de la chaire chrétienne, jusqu'en ces derniers temps, on a entendu citer des paroles ou des sentences de Napoléon à Sainte-Hélène, d'après le livre de M. de Beauterne revu par M. Bathild Bouniol!

Or, était venu le moment d'ajouter une édition

nouvelle à toutes celles qui ont déjà paru. Comme
M. de Beauterne précédemment, M. Bouniol est
à son tour descendu au tombeau.

Nous avons respecté le texte arrêté par M. Bouniol, tout en regrettant la suppression de passages de peu d'étendue qui, à notre avis aujour-
d'hui, ne pourraient nuire à aucun des personnages en cause. Encore vivants, ils n'avaient pas
protesté auprès de M. de Beauterne, qui avait ses
témoins. Mais peut-être importe-t-il peu maintenant que le lecteur en connaisse les noms. Le
récit reste absolument exact et authentique, et
c'est l'essentiel.

En quelques endroits cependant, nous avons
cru devoir les rétablir, pour mieux corroborer
l'exactitude de certains faits, ou le bien-fondé de
décisions graves de l'Empereur, pour l'honneur de
sa mémoire.

Enfin, il est un chapitre que nous aurions voulu
écrire, mais que les réflexions des lecteurs pourront suppléer aisément; nous ne faisons que le
signaler. Il s'agit de la conduite de Napoléon à
l'égard du Souverain Pontife.

Qu'on examine bien les textes, et l'on trouvera
établis les quelques points que voici :

1° Plusieurs fois on a mis entre les mains de
Pie VII des numéros du *Journal officiel*, impri-
més exprès, avec des articles tendancieux, pour
l'induire en erreur. Lui-même l'a su, et le dit.

2° Le Pape a protesté plusieurs fois contre ces récits mensongers, accrédités depuis lors par une certaine presse; et il a affirmé que Napoléon n'était pas coupable des graves outrages rapportés par la rumeur publique.

3° L'enlèvement de Pie VII n'a pas été ordonné par Napoléon; on trouvera dans nos pages le nom des deux ou trois auteurs responsables.

4° Il y eut bien un ordre d'agir, mais Napoléon ne l'a ni dicté ni signé; il émane de Murat, a dit quelqu'un, qui y reconnaît l'écriture non pas de Murat mais de sa femme.

5° On reconnaît toutefois qu'en de graves circonstances, Napoléon n'a pas assez blâmé des faits émanés de l'initiative de ses généraux, et, au lieu de remettre les choses en leur premier état, s'est appliqué au contraire à en tirer tout le parti possible, favorable à sa politique.

De l'étude attentive des textes il résulte donc cette double proposition :

a) Les torts de l'Empereur sont moins accentués que certains historiens le prétendent;

b) Ses sentiments chrétiens sont, au contraire, plus profonds que ceux-là ne le disent.

Et maintenant, si notre conviction personnelle est faite, le lecteur jugera à son tour. Avec ce livre de MM. de Beauterne et Bouniol, les hommes de bonne foi réformeront quelques jugements

1.

de l'histoire; et nous croyons que tous les Français, de n'importe quel parti, tiendront à honneur de restituer à la mémoire de Napoléon la haute considération que même ses adversaires n'avaient pas le droit d'amoindrir. Heureux serons-nous d'avoir pu y contribuer.

Ph. G. LABORIE.

Paris, 3o juin 1912.

SENTIMENT

DE

NAPOLÉON Ier

SUR

LE CHRISTIANISME

CHAPITRE PREMIER

Un mot de M. le comte de Montholon. — Sentiments religieux de l'Empereur. — Témoignages à l'appui. — Conversation intéressante avec le cardinal Fesch. — Le doute n'est plus possible.

I

Les documents inédits de ce recueil m'obligent à en établir l'authenticité. Simple metteur en œuvre de la pensée d'autrui, je dois au génie, au public autant qu'à moi-même, de le déclarer. L'écrit qu'on va lire n'est point un mensonge, ni quelque élabora tion vulgaire de la cupidité, mais une parole impro visée à Sainte-Hélène, dont l'écho est ransmis au lecteur, tel qu'on l'a recueilli des auditeurs de l'illustre improvisateur lui-même, avec ce scrupule et ce respect qu'inspire tout ce qui émane d'un grand homme. Allant au-devant de quelques doutes qu'une juste méfiance nous a suggérés à nous-même : « Comment, disions-nous au noble personnage à qui nous devons la meilleure part de cette religieuse confidence, comment des documents de cette importance n'ont-ils pas encore été portés à la connaissance du public ? » Voici la réponse : « Pourquoi cela ? rien de plus simple : personne n'a fait les questions que vous faites ; personne ne s'est inquiété de ce qui vous inquiète. »

Les documents que je publie contiennent la pensée intime de Napoléon sur le christianisme, et spécialement sur la divinité de l'Homme-Dieu. Que d'écrivains ont interrogé ce mort illustre, trop souvent dans l'intérêt d'une curiosité puérile ! Du moins il s'agit ici d'une chose neuve et grande, plus grande que Napoléon lui-même. On ne saurait contester l'originalité et l'importance de cette publication, où Napoléon, justifiant sa foi, du même coup justifie celle de Locke et de Leibnitz, de Newton et de Clarke, comme celle de Pascal, de Cassini et de Descartes ; en énumérant ses motifs pour croire à la religion, il semble énumérer les motifs de la foi de ces grands hommes. On dirait qu'il les devine ; comme il disait lui-même un jour, que tout le secret de ses succès à la guerre, c'était l'imitation de César, d'Annibal et d'Alexandre.

Quelques personnes s'inquièteront de savoir quelle est la part de travail du metteur en œuvre ; et, si l'on a fait des additions, à quels signes on reconnaîtra ce qui est de Napoléon. Ma réponse sera bien simple; on ne contrefait pas le génie. Le fond des pensées, le nerf du raisonnement, les arguments principaux sont et ne peuvent être que de Napoléon. Le style et aes phrases entières lui appartiennent aussi, quelquefois littéralement, comme celle-ci, par exemple, qui est au début du discours de l'Empereur sur Jésus-Christ : « Je connais les hommes, et je vous dis que Jésus n'est pas un homme. » Et cette autre qui termine : « Si vous ne voyez pas que Jésus est Dieu, dit Napoléon à son interlocuteur, eh bien! j'ai eu tort de vous faire général. »

Néanmoins on avouera ingénument que, si l'on a respecté les pensées de Napoléon, ce respect n'eut rien de servile. On a imité l'ouvrier qui monte un écrin ; cet ouvrier ne craint pas quelquefois de tailler les diamants ; pour multiplier l'éclat et les effets de lumière, il ose multiplier les facettes. Heureux si l'on avait pu faire davantage ! Maintenant, pour ce qui est du style et de la forme littéraire, le geste et la voix sont la vie et le charme naturel du discours : mais, quelque fidèle que soit la mémoire, qui ne sait combien la pensée s'altère et diminue dans le trajet d'une communication qui n'est pas directe ? Pour y suppléer, on n'a pas craint de recourir à une inspiration propre et à une certaine parure qu'exige la parole écrite, et sans laquelle elle manque de grâce et ne saurait plaire.

Ceci posé, il me reste à indiquer par ordre et clairement les sources où j'ai puisé. Je dois citer en première ligne les compagnons d'exil de l'Empereur. Je les ai consultés ; je me suis assuré, autant par leur dire que par la lecture des écrits officiels de Sainte-Hélène, qu'il y avait été question, beaucoup plus souvent qu'on ne le croit communément, de Dieu et de la religion. Ai-je eu lieu d'être satisfait également de mes démarches auprès de tous ? Hélas ! trop souvent on pense à soi plus qu'à la vérité, la crainte du qu'en *dira-t-on* paralyse la langue.

J'ai reçu de M. de Las Cases une lettre singulière qui n'est pas propre à donner une grande idée de sa pénétration, si elle honore sa conscience. On trouve, au reste, dans le *Mémorial*, le pour et le contre, mais M. de Las Cases est resté si peu de temps à Sainte-Hélène, qu'il n'a pu connaître l'Empereur que superficiellement [1]. Je dois à M. Marchant une lettre bien décisive, naïf renseignement dans le sens de la foi religieuse de l'Empereur. On trouvera une citation également décisive de M. Antommarchi dans le même sens. M. le baron Gouraud m'a fait l'honneur de me recevoir et de causer avec moi ; il m'a promis des documents précieux que je n'ai pas encore reçus. Il pense que Napoléon était croyant, mais qu'il avait des moments de doute.

Mais la personne qui a droit à mes remercîments les plus respectueux, c'est M. le comte de Montholon. Je pourrais presque dire que ce recueil tout entier

---

[1] M. de Las Cases, comme on sait, a quitté Sainte-Hélène après un très-court séjour dans l'île.

est bien plus son ouvrage que le mien ; non pas que je prétende excuser ainsi mes fautes : non, j'affirme de nouveau que le style, la forme littéraire est de moi ; j'affirme, et je répète encore une fois, que les pensées, les raisonnements sont l'esprit, la parole, l'œuvre de Napoléon lui-même.

Quant à la valeur de la parole de M. le comte de Montholon, à qui l'histoire sera redevable de cet éclaircissement inattendu de la physionomie religieuse de l'Empereur, je dois édifier le lecteur par un récit succinct de ce qui décida le général à s'exiler de France pour partager la prison de Napoléon. Il était de service à l'Elysée-Bourbon le jour où la Fayette demanda et obtint le décret de la seconde déchéance. L'effet fut prompt comme celui de la foudre ; aussitôt tout le monde s'éloigna d'un lieu frappé de disgrâce... Le général Montholon, seul d'officier général, demeura à son poste. Napoléon, avec l'inquiétude, l'agitation naturelle dans une position semblable, venait de temps à autre jeter un regard furtif dans le salon de service bientôt presque désert. « Général, dit-il « enfin à M. de Montholon, en venant à lui, est-ce que « vous suivrez ma mauvaise fortune comme tant « d'autres ont suivi la bonne ?... » Je cite les paroles textuelles du général : « Je n'osai refuser... Certes, je « ne me serais pas offert, j'en étais bien éloigné ; « mais c'était la demande de mon souverain dans le « malheur, ce fut mon honneur de soldat qui dicta « la réponse ; j'acceptai. » D'autres se sont offerts pour aller à Sainte-Hélène, et en sont repartis avec de bons

prétextes sans doute, puisque l'Empereur les a accep-
tés ; Dieu juge leur conduite... Quant au général Montholon, qui ne s'est pas offert, il y est demeuré jusqu'à
la fin, « sans jamais donner aucun signe de chagrin. »
Aussi l'impartiale équité de celui qui faisait consister
à bon droit l'art de régner dans l'art d'apprécier les
hommes, cette équité a écrit dans son testament le
paragraphe suivant :

« Je lègue *deux millions* de francs au comte Mon-
« tholon, comme preuve de *ma satisfaction et des*
« *soins filials* qu'il m'a rendus depuis six ans. »

Il n'est pas un témoignage plus pur et plus désintéressé que celui de M. Marchant. Voici comment il
s'exprime :

« Ne craignez rien ; il n'est personne qui puisse
« démentir ce qui vous a été communiqué par M. le
« comte Montholon, car il possédait la plus intime
« confiance de l'Empereur, et a été à même, mieux
« que personne, de connaître tout ce qui s'est passé
« à Longwood. »

Je répète donc que mes documents sont authentiques, émanés de *personnages vivants et contemporains,*
qui me les ont donnés comme les auteurs ou les témoins
des faits que je raconte. Tout mon livre est vrai quant
au principal et à l'essentiel, parce que les personnes
qui auraient intérêt à nous démentir ne l'ont pas fait
et ne pourront le faire

II

Ces témoignages, si décisifs par eux-mêmes, sont confirmés par les déclarations non moins explicites du cardinal Fesch, oncle de l'Empereur, déclarations consignées dans une lettre écrite de Rome au chevalier de Beauterne, par M. F. Olivier, qui avait eu avec le vénérable cardinal plusieurs longs entretiens. Citons les passages les plus importants de cette lettre, publiée peu de temps après la visite faite à l'illustre prélat et de son vivant même :

« ..... Les sentiments chrétiens de l'Empereur, dit le cardinal Fesch, qui peut les méconnaître ? Ne sont-ils pas dans ses ouvrages ? La foi s'y retrouve tout entière comme dans la majeure partie de sa vie... J'ai vu ici, continua-t-il plus tristement, les deux prêtres qui ont été près de lui à Sainte-Hélène. L'un d'eux a été obligé de le quitter, parce qu'il était devenu malade dans l'île ; le second, l'abbé Vignali, l'a assisté jusqu'au dernier moment... et j'ai plein espoir... j'ai la certitude qu'il est au ciel avec les saints et aussi glorieux que sur la terre.

« Ici le Cardinal ne put maîtriser son émotion ; il s'interrompit un instant, deux grosses larmes roulaient sur ses joues.

« — Ah! reprit-il ensuite, il est bien fâcheux que je n'aie pas ici les mémoires que j'ai écrits sur sa conduite privée et publique... Si j'avais seulement

une lettre qu'il m'écrivit de l'école militaire ! — Car,
Monsieur, je l'ai élevé dès l'enfance ; je ne l'ai jamais
quitté ; je l'ai suivi partout, excepté en Égypte où je
n'ai point voulu aller par des motifs trop longs à vous
faire connaître... Tout petit, je l'ai vu constamment
chrétien et catholique, autant qu'un enfant puisse
l'être... — A l'école, c'était bien le meilleur élève ;
ses progrès étaient si rapides, qu'il inventait les sciences
au lieu de les apprendre... Laplace me disait : « Il n'y
a qu'avec lui que j'aie plaisir à causer mathématiques
et physique ; il comprend tout, il va au-delà de tout. »
— Eh ! bien, Monsieur, malgré ces beaux succès, la
religion le préoccupait au point qu'il ne lui eût rien
coûté de se consacrer entièrement à la vie sacerdotale.
— Pourquoi n'ai-je plus cette lettre dont je vous par-
lais tout à l'heure ! C'est là ce qui vous l'eût fait connaître. Il venait de faire sa première communion, il
m'écrivait le 15 août...

« — Le jour de la fête de la sainte Vierge, interrom-
pis-je, jour que Napoléon empereur choisit pour sa
propre fête. »

« Le Cardinal sourit à ce rapprochement ; puis, re-
prenant le fil de ses souvenirs :

« Mon oncle, m'écrivait-il, rien n'est comparable
« aux joies que j'éprouve ; je voudrais pouvoir consa-
« crer à Dieu ma force tout entière et combattre pour
« lui, au moins avec la parole. Les occupations de
« l'école ne me permettent pas de me livrer, comme
« il conviendrait, à la vie contemplative ; mais au
« moins je sens avec un bonheur réel, qu'à travers

« mes travaux et la carrière d'épée où je m'engage,
« je marche dans la foi de mon père. » — Mon Dieu!
cette lettre, pourquoi n'est-elle pas sous ma main!
Elle avait plus de deux pages et toutes pleines de
sentiments pareils... Quelque temps après même, il
eut un projet. Ne voulait-il pas m'entraîner aux Indes?
— Il y avait alors un régiment d'artillerie à Pondi-
chéry, à Karical, je ne sais plus où, et il voulait s'y
faire nommer lieutenant. « Tenez, mon oncle, me
« disait-il, nous irons là. Vous êtes prêtre, eh bien!
« vous ferez ce qui convient au prêtre : vous baptise-
« rez, vous prêcherez ; moi, je leur ferai un cours de
« physique, puis de philosophie, et nous les amène-
« rons à la vérité. » Ainsi, l'idée d'une sorte de mission
l'occupait. — Vous savez ce qui arriva depuis.

« A son retour d'Égypte, ses sentiments n'avaient
point changé, continua Son Eminence ; je vins le rejoindre ici, en Italie, et tout d'abord il me dit :
« Mon oncle, il faut que demain je livre la bataille
« (car il calculait tout à l'avance, comme si les évé-
« nements eussent été sous sa conduite); si je la perds,
« le chemin des Alpes m'est fermé ; je prends avec
« moi le reste de mes braves et je rentre en France
« par l'Allemagne ; mais si je gagne la première ba-
« taille, le lendemain je traverse le Pô et je suis en
« état d'en gagner une seconde. La route me reste
« ouverte, et alors, mon oncle, mon premier soin
« sera de rétablir en France le culte catholique.
« Quels sont les cardinaux qui se rencontreront de-
« vant moi ? » Je lui en citai deux ou trois ; aujour

d'hui ma mémoire ne me fournit plus leurs noms.
— « Eh bien me dit-il, vous irez les trouver; vous
« leurs direz mes intentions et vous leur ferez des
« propositions convenables. S'ils ont l'intelligence de
« leur temps et de notre situation, ils consentiront
« sans peine à un arrangement; alors la religion
« rentre en France avec nous…. mais dans telles li-
« mites… il le faut… et les philosophes de France
« n'auront rien à dire… d'ailleurs, pour eux… j'ai
« mon épée. »

« Vous comprenez, Monsieur, quel vif intérêt ex-
citaient chez moi ces détails si précieux pour nous
autres chrétiens. J'admirais et bénissais les desseins
de Dieu sur cet homme qu'il a dressé comme une
barrière devant la marche du xviii° siècle; j'admirais aussi la foule des souvenirs de ce vieillard plus qu'octogénaire, et sa chaleur de cœur; à
chacun des traits qu'il m'avait cités, il faisait une
pause et semblait rendre grâce au ciel, puis sa mémoire lui fournissait quelque nouveau trait propre à
montrer la nature profondément catholique de l'Empereur.

« Eh ! reprenait-il, tout prouve ce que je vous ai
dit de lui… Quand il eut signé le Concordat (car ce
que je vous dis là, ce sont choses publiques, historiques), ne fit-il pas chanter une grand'messe à Notre-
Dame? Il voulut que les généraux y assistassent en
costume, et tous étaient réunis à l'archevêché… Il
allait entrer dans l'église, lorsqu'on vint l'avertir de
ne pas traverser la salle où se tenaient ces messieurs.

L'un d'eux s'était emporté jusqu'à dire : « Veut-on « donc nous obliger à jouer la comédie? Est-ce à des « militaires de venir s'agenouiller aux momeries d'une « église? Si l'on prétend nous ramener aux capucins « et aux prêtres, Messieurs, c'est à nous de savoir ce « que nous avons à faire, quant à moi, je me couvre et « je sors. » A la suite de ces propos, il s'était élevé une violente émotion dans la salle, et l'on engageait le Premier Consul, au nom du ciel, à ne point se risquer parmi les officiers. Napoléon frappa sur son épée : « Je fais ce que je dois faire ; et, si l'on m'at- « taque, je me défendrai... » — Voilà ce qu'il répondit, et il entra. Mais, depuis, il me l'a répété bien des fois : « Mon oncle, j'ai couru un véritable dan- « ger le jour de ma première messe à Notre-Dame. »

« Ici le Cardinal s'interrompit tout plein des sentiments que réveillaient en lui ces beaux souvenirs, et il allait murmurant tout bas : « Oui, certes, il était chrétien ; oui, certes... »

« ... Vous pouvez en croire, Monsieur, un homme qui n'a jamais quitté les conseils de l'Empereur; il aurait eu la paix avec les Anglais sans peine, sans grandes concessions politiques, s'il eût été moins catholique. Car ce n'était pas lui qui faisait obstacle, c'était sa foi; on lui en voulait à lui, homme nouveau sur le trône et sans antécédents, de manquer la seule occasion qui se fût présentée en France, depuis Henri IV, de détruire la religion catholique.... Oui, je vous l'affirme, Monsieur, les Anglais lui faisaient une paix magnifique s'il eût consenti à établir

le protestantisme en France [1].... Cela vous étonne !
Écoutez ; — voici un fait qui vaut toutes les sortes de
preuves :

« Un jour le télégraphe annonce qu'un émissaire
de Pitt vient de descendre à Boulogne, et qu'il sol-
licite l'autorisation de se rendre à Paris pour transmettre au gouvernement des communications fort
importantes : c'était un certain Marseria, Corse de
nation, qui avait fait ses études pour être prêtre ; puis
il avait jeté le froc aux orties avant son ordina-
tion.

« Admis à l'audience du Premier Consul, il commença par prendre caractère. « Je suis, dit-il, por-
« teur de lettres de Pitt. — Mon cher Marseria, inter-
« rompit aussitôt le Premier Consul, gardez vos let-
« tres, que je ne veux même pas voir ; je n'ai rien
« de particulier à démêler avec cet Anglais. Je vous
« reçois avec plaisir, comme compatriote, mais non
« à titre d'envoyé. » — Marseria reprit : « Vous vous
« faites une idée exagérée, injuste, des prétentions de
« l'Angleterre à votre égard ; l'Angleterre n'a rien
« contre vous personnellement. Elle ne tient pas à la
« guerre qui la fatigue et la ruine. Elle en achètera
« même volontiers la fin au prix de concessions que
« sans doute vous n'espérez pas ; mais, pour vous
« donner la paix, elle vous impose une condition,
« une seule : c'est que vous l'aidiez à l'établir chez

[1] Il ne faut point passer légèrement sur ces étonnantes révé-
lations du cardinal Fesch.

« elle. — Moi, répliqua l'Empereur, eh! qu'ai-je à
« faire en Angleterre? Ce n'est pas mon rôle, je sup-
« pose, d'y mettre la concorde; d'ailleurs, je ne vois
« pas comment je le pourrais. — Plus aisément que
« vous ne pensez, continua Marseria en pesant ses
« paroles; l'Angleterre est déchirée par des discor-
« des intestines. Ses institutions se minent peu à peu,
« une sourde lutte la menace, et jamais elle n'aura
« de tranquillité durable, tant qu'elle sera divisée
« entre deux cultes. Il faut que l'un des deux périsse;
« il faut que ce soit le catholicisme. Et, pour aider
« à le vaincre, il n'y a que vous. Etablissez le pro-
« testantisme en France, et le catholicisme est dé-
« truit en Angleterre. Etablissez le protestantisme
« en France, et, à ce prix, vous avez une paix telle
« assurément que vous la pouvez souhaiter. — Mar-
« seria, répliqua l'Empereur, rappelez-vous ce que
« je vais vous dire, et que vous pouvez rapporter
« comme ma réponse : *Je suis catholique et je*
« *maintiendrai le catholicisme en France, parce*
« *que c'est la vraie religion, parce que c'est la reli-*
« *gion de l'Eglise, parce que c'est la religion de la*
« *France, parce que c'est celle de mon père, parce*
« *que c'est la mienne enfin; et, loin de rien faire pour*
« *la détruire ailleurs, je ferai tout pour la raffermir*
« *ici.* — Mais, remarquez donc, reprit vivement
« Marseria, qu'en agissant ainsi, en restant dans cette
« ligne, vous vous donnez des chaines invincibles,
« vous vous créez mille entraves. Tant que vous re-
« connaîtrez Rome, Rome vous dominera, les prêtres

« domineront au-dessus de vous ; avec eux, vous
« n'aurez jamais raison à votre guise ; le cercle de
« votre autorité ne s'étendra jamais jusqu'à sa limite
« absolue, et subira, au contraire, de continuels em-
« piétements. — Marseria, il y a ici deux autorités
« en présence : pour les choses du temps, j'ai mon
« épée, et elle suffit à mon pouvoir ; pour les choses
« du ciel, il y a Rome, et Rome en décidera sans me
« consulter ; elle aura raison ! c'est son droit. — Mais,
« reprit de nouveau l'infatigable Marseria, vous ne se-
« rez jamais complétement souverain, même tempo-
« rellement, tant que vous ne serez pas chef d'église,
« et c'est là ce que je vous propose ; c'est de créer
« une réforme en France ; c'est-à-dire une religion à
« vous. — Créer une religion ! répliqua l'Empereur
« en souriant ; pour créer une religion, il faut mon-
« ter sur le Calvaire, et le Calvaire n'est pas dans
« mes desseins. Si une telle fin convient à Pitt, qu'il
« la cherche lui-même ; mais, pour moi, je n'en ai
« pas le goût. »

« Voilà, Monsieur, comment l'Empereur était catholique, comment il défendait sa Religion, et la
moitié de son règne s'est passée en luttes semblables ;
car ce n'est pas seulement de l'Angleterre que cette
proposition est venue. Trois ou quatre fois elle lui a
été faite avec instance, et il lui a fallu opposer le
même refus... Eh ! mon Dieu ! tout le monde sait
cela.... Vous vous rappelez que, lorsque l'on conclut
la paix de Tilsitt, il y eut une conférence au milieu
du fleuve, du Niémen, je crois, entre Napoléon et

l'Empereur de Russie.... Tout ne tenait qu'à lui en
ce moment....

« Alexandre lui fit compliments sur compliments.
« Et vous êtes un grand homme! et vous êtes un
« héros! un homme providentiel pour cette époque
« de révolution! et il dépend de vous de rassurer
« tous les rois sur leur trône ; mais, pour cela, il
« faut que vous-même soyez assis sur le vôtre avec
« toute la puissance nécessaire, et c'est où vous n'ar-
« riverez pas, si vous n'êtes, ce que je suis moi-même,
« le chef religieux de votre État... Croyez-moi, reprit
« Alexandre avec un air d'épanchement et de con-
« fiance, adoptez le rit grec, établissez-le en France,
« et vous pouvez faire fond sur moi, comme sur l'al-
« lié le plus fidèle. »

« Alexandre eut la même réponse que Marseria.

« Et, durant les huit jours que l'Empereur passa
avec le roi de Prusse, ce fut encore là le perpétuel
sujet des discours et le plus ardent conseil de celui-
ci : se faire tout à la fois chef politique et religieux
aux dépens du catholicisme.... Que vous dirai-je! —
Peu de temps après (vous avez certainement entendu
parler de cela), il s'agissait de faire épouser à l'Empereur la sœur d'Alexandre ; nous eûmes trois assem-
blées des grands dignitaires de France pour ce
mariage, et l'Empereur de Russie, qui paraissait tenir
beaucoup à notre alliance, proposa les conditions les
plus favorables. Lorsque l'ambassadeur donna lecture
du projet de contrat, devant l'assemblée, l'Empereur
ne fit aucune objection sur le fond des choses ; mais

il répéta plusieurs fois : Soit! mais catholique. —
L'ambassadeur se mit à sourire, et murmura quelques mots qui voulaient dire : « Votre Majesté est
« beaucoup trop éclairée pour attacher tant d'impor-
« tance à une question aussi secondaire ; assurément
« Votre Majesté est bien au-dessus de toutes les ques-
« tions de secte et d'église. » L'Empereur répéta de
nouveau, et avec autorité : « Soit! mais catholique. »
Voyant cette insistance, l'ambassadeur crut ou fit
semblant de croire qu'il ne s'agissait pour l'Empereur
que d'une convenance politique, d'une opinion na-
tionale à ménager, et il fit observer que son souverain ne réclamait pour sa sœur aucune démonstration
publique. Il demandait seulement pour elle le béné-
fice de la même tolérance individuelle dont jouis-
saient en France les Juifs, les protestants, les philosophes et les Grecs eux-mêmes dans leur particulier ;
toute sa prétention se bornait donc à l'admission d'un
pope, au service d'une chapelle selon le rit grec, aux
Tuileries. — « Point de pope! point de chapelle
grecque aux Tuileries! » — Ce fut là constamment
la réponse de l'Empereur, la difficulté et l'unique
cause qui rompit tout l'arrangement.

« ... Touchant les fautes réelles, les quelques grands
torts dont l'Empereur a entaché sa vie, l'enlèvement
du Pape, le divorce, et tant de guerres diverses, etc.,
lorsque j'en ai demandé l'explication au Cardinal, je
n'ai point eu de réponse précise; cependant il m'a
été facile de saisir, dans le peu qu'il me disait, le
fond de ses sentiments à leur sujet. Il les regardait

tous ,comme des actes commencés sans réflexion. poursuivis par obstination et par vanité, mais où le cœur demeurait étranger jusqu'au bout. Il les envisageait tantôt comme des suggestions de ceux qui l'entouraient et agissaient avec lui, et d'autres fois comme des mouvements de colère soulevés par l'hostilité même des faits. Enfin et pour mieux peindre sa pensée, il les trouvait semblables aux coups d'estoc et de taille que donne au hasard, et sans considérer où ni comment il frappe, un homme serré de près dans une mêlée incessante et acharnée.

« Oh ! que ces tristes souvenirs étaient amers au cœur du Cardinal, si tendre pour son neveu ; il les murmurait tout bas quand ma curiosité ou le fil des événements l'y conduisait, sans presque les articuler, sans les excuser non plus. « Oui, disait-il « doucement, nous étions parfois ensemble colère « contre colère.... Mais, ajoutait-il aussitôt en éle- « vant la voix, mais qu'au fond on l'a mal jugé ! « non, la foi ne l'a jamais abandonné. »

« Il se leva avec émotion, et, s'arrêtant devant moi, tenant ma main dans la sienne, il reprit d'un ton tout ensemble doux et solennel, et les yeux mouillés de larmes :

« ... Oh ! qui en pourrait douter? Dieu ne l'a pas « brisé, Monsieur : l'Ecriture parle ici clairement. « Quand Dieu veut perdre un homme, il l'écrase « sur la place, il le jette au feu ; mais lui, il ne l'a « point écrasé sous son pied, il ne l'a point jeté au « feu... Il l'a humilié et c'est la voie du salut, c'en

« est la preuve... Celui que Dieu humilie est sauvé,
« Monsieur, car l'humiliation, c'est l'expiation et le
« signe de la miséricorde [1]... »

[1] Dans un ouvrage publié tout récemment (1864), l'auteur,
M. Crétineau-Joly, dont le témoignage ici certes n'est pas
suspect, nous dit du cardinal Fesch, après avoir fait la part de
quelques torts :

« Le cardinal Fesch était au fond un homme juste et sensé,
il comprit bientôt qu'il faisait fausse route. Dans l'intérêt de
l'Empire et de l'Empereur, il lutta avec énergie, souvent
même avec passion, contre les exigences de Napoléon. Ainsi,
dans plusieurs circonstances, et notamment en 1812, au concile de Paris dont l'Empereur l'avait nommé président, il
s'honora en *déployant*, pour le Pape prisonnier et pour l'E-
glise persécutée, *une audace véritablement sainte*. Plus
tard, à la chute de l'Empire, exilé de France, il trouva
à Rome une affectueuse hospitalité et par sa vie digne et cir-
conspecte le Cardinal prouva qu'il était aussi reconnaissant
qu'honnête. »

CHAPITRE DEUXIÈME

L'Empereur et l'abbé Vignali. — L'Empereur veut la
messe dans sa chambre tous les jours, depuis le 21
avril, jusqu'à sa mort, le 5 mai. — Mot naïf et sublime
de l'Empereur. — Visite de l'auteur à **M.** le comte de
Montholon. — L'Empereur religieux et chrétien. — Lettre officielle du général Bertrand pour avoir un prêtre à
Sainte-Hélène. — L'Empereur écrit lui-même au cardinal Fesch. — Document inédit de Hudson Lowe sur **ce**
sujet.

En commençant le récit de la *mort de l'enfant
impie* [1], pour préciser la date de l'événement trop
réel de ma tragique histoire, j'avais désigné l'année
où la France vit tomber du trône l'empereur Napoléon. Ce grand nom une fois prononcé, par une idée
d'allusion au dessein qui me préoccupait, je crus devoir, opposant à un enfant impie un grand homme
religieux, parler brièvement de la *mort chrétienne*
de Napoléon : je me vis obligé à relater dans une

---

[1] Autre ouvrage de M. de Beauterne.

note tout le passage suivant, extrait des mémoires du docteur Antommarchi.

« Le 21 avril, à une heure et demie, l'Empereur demande l'abbé Vignali. — « Savez-vous, abbé, ce que c'est qu'une chapelle ardente? — Oui, Sire. — En avez-vous desservi? — Aucune. — Eh bien ! vous desservirez la mienne. » Il entre à cet égard dans les plus grands détails, et donne au prêtre de longues instructions. Sa figure était animée, convulsive, je suivais avec inquiétude les contractions qu'elle éprouvait, lorsqu'il surprit sur la mienne je ne sais quel mouvement qui lui déplut : — « Je ne suis ni philosophe ni médecin; je crois en Dieu, je suis chrétien ! catholique romain. » Et, se tournant vers le prêtre : « Je suis né dans la religion catholique,
« Je veux remplir les devoirs qu'elle impose, recevoir
« les secours qu'elle administre. Vous direz tous les
« jours la messe dans la chambre voisine, et vous ex-
« poserez le Saint-Sacrement pendant les quarante
« heures. Quand je serai mort, vous placerez votre
« autel à ma tête, dans la chambre ardente, vous con-
« tinuerez à célébrer la messe ; vous ferez toutes les
« cérémonies d'usage ; vous ne cesserez que lorsque
« je serai en terre. » L'abbé se retira, je demeurai seul. Napoléon me reprit sur ma prétendue incrédulité. — « Pouvez-vous la pousser à ce point, pou-
« vez-vous ne pas croire à Dieu, car enfin tout pro-
« clame son existence, et puis les plus grands esprits
« y ont cru? — Mais, Sire, je ne la révoquai jamais
« en doute ; je suivais les pulsations de la fièvre :

« Votre Majesté a cru trouver dans mes traits une
« expression qu'ils n'avaient pas. — Vous êtes mé-
« decin, répondit-il ; ces gens-là, ajouta-t-il à demi-
« voix, ne brassent que de la matière, ils ne croiront
« jamais rien. » (*Mémoires du docteur Antommarchi.*)

Rien de plus précis, comme on voit, que le texte
d'Antommarchi. Plus loin, le docteur ajoute les lignes
suivantes :

« Le 3 mai, deux heures après midi, la fièvre diminue. Tout le monde se retire ; l'abbé Vignali reste
seul avec le malade. Il nous rejoint quelques instants après dans la pièce voisine, et nous annonce
qu'il a administré le Viatique à l'Empereur. »

Cependant voici ce qu'on lit dans M. de Norvins [1],
qui contredit le docteur Antommarchi :

« Napoléon était trop pénétré du sentiment de sa
propre grandeur pour ne pas croire à l'immortalité
de l'âme. *Le 21 avril*, il voulut rendre l'hommage
du chrétien à ce dogme consolateur. *La veille*, à
l'insu des généraux Bertrand et Montholon, l'autel
se trouva dressé dans la chambre voisine de celle de
l'Empereur. Il avait tout prescrit lui-même au chapelain qui reçut sa confession. L'état *du malade ne permit pas qu'on lui administrât le saint Viatique.* Seul
avec l'abbé Vignali, qui ne l'avait connu qu'à Sainte-
Hélène, il ne donna à aucun témoin de sa puis-

----

[1] A l'époque où M. de Beauterne écrivait (1840), l'ouvrage
de M. de Norvins faisait encore quelque figure ; il a, depuis,
fort perdu de son crédit.

sance passée le spectacle de cette dernière abdication. »

Que signifie cette dernière phrase? Venant de M. de Norvins, l'auteur d'un traité de l'immortalité de l'âme, je n'y puis reconnaître la gentillesse superbe d'un philosophe. Je ne vois pas bien le sens du mot *abdication*. Que veut donc dire M. de Norvins? je n'en aurais tenu compte, si les historiens, en adoptant le récit d'un auteur véridique d'ailleurs, ne couraient le risque de s'égarer, comme a fait déjà notamment M. Laurent de l'Ardèche. Il est vrai, M. de Norvins le déclare, la maladie seule empêcha l'Empereur de recevoir le saint Viatique. La modération impartiale de ce langage, tout en justifiant la volonté de l'illustre malade, n'en laissait pas moins de l'incertitude sur un fait qu'il me parut intéressant d'éclaircir.

En outre, et par un motif qu'on appréciera plus tard, je prie le lecteur de bien remarquer ces paroles de l'Empereur, citées par Antommarchi :

« Vous direz tous les jours la messe dans la chambre voisine, et vous exposerez le Saint-Sacrement pendant les quarante heures. »

M. de Norvins, d'accord sur ce fait essentiel avec Antommarchi, ajoute :

« Qu'un autel avait été dressé *la veille du* 21 *avril* par ordre de l'Empereur, qui avait tout prescrit lui-même au chapelain. »

Pendant quinze jours, l'Empereur, d'après sa volonté et selon le texte formel de M Antommarchi et de

M. de Norvins, a donc eu tous les jours la messe dans sa chambre.

Certes, M. de Norvins ne peut être suspect de partialité en faveur de l'Eglise, et le témoignage de M. Antommarchi est une autorité irrécusable, alors qu'il rapporte des paroles qui l'accusent lui-même d'incrédulité; sa fidélité est d'autant plus louable, qu'il a eu besoin de se faire violence, pour enregistrer des paroles précieuses à l'histoire et chères à la religion.

Je reviens à M. de Norvins. Comment a-t-il pu commettre une erreur aussi grave au sujet du saint Viatique ? Il le dit lui-même : la maladie seule s'est opposée à la réalisation des désirs, de la volonté de l'Empereur.

« La nature de la maladie, dit M. de Norvins, a empêché Napoléon de recevoir le Viatique. »

Il est vrai que des vomissements fréquents étaient une des souffrances et un des caractères de la maladie, mais dans une si longue agonie, qui a duré près de trois mois, certainement il y a eu des jours de calme, et cela suffit. Cependant j'avoue qu'en lisant le journal d'Antommarchi, je ne devinais pas le jour de la cérémonie religieuse ; c'est ce qui m'a engagé à faire de nouvelles recherches. Je m'y suis livré avec toute la conscience possible, et je n'ai pas lieu de m'en repentir, puisque, dans l'intérêt de la vérité, *j'ai trouvé au-delà de mes espérances.*

Parmi les personnes qui ont accompagné l'Empereur à Sainte-Hélène et qui sont demeurées avec lui jusqu'à la fin, il en est deux dont le dévouement aurait adouci, s'il eût été possible, les amertumes de l'exil, les horreurs du délaissement et les tortures d'une captivité si cruelle, ce sont MM. les généraux Bertrand et Montholon.

L'Europe, dont le jugement sera celui de la postérité, les a distingués, et leur nom brillera dans les fastes de l'histoire d'un éclat d'autant plus vif, que nul ne pourra douter du mobile qui inspira leur résolution. C'était à eux que je devais m'adresser d'abord comme aux plus illustres témoins de tout ce qui avait dû se passer à Sainte-Hélène.

Néanmoins, la première personne que j'allai consulter, ce fut M. Marchant. Il me sembla qu'en sa qualité de premier valet de chambre, il devait être au courant aussi bien que personne d'une scène d'intérieur. Ce fut de lui que j'appris, « que c'était la nuit que l'Empereur avait accompli ses devoirs religieux. Le général Montholon était seul de garde cette nuit-là, et seul pouvait donner des détails. » M. Marchant ajouta : « Pour moi, j'ai vu sortir l'abbé Vignali le matin, ayant accompli, je n'en doute pas, les fonctions de son ministère ; mais je n'en fus informé avec toute la maison qu'au jour, et quand tout était fini. Du reste, je me rappelle fort bien *plusieurs apartés* de Napoléon avec l'abbé Vignali : ce qui n'a pas lieu d'étonner de la part de l'Empereur, qui avait l'âme naturellement religieuse, jusqu'à prononcer même avec l'émotion d'un ami de la divinité cet ordre si simple :

« Ouvre la fenêt. e, Marchant, ouvre-la bien grande,
« que je respire l'air, cet air si bon que le bon Dieu
« a fait. »

M. Marchant m'apprit aussi qu'il était présent à
l'entretien avec l'abbé Vignali, rapporté plus haut
par le docteur Antommarchi, et que ce dernier avait
omis une chose bien essentielle pour l'éclaircissement.

« J'étais là, me dit M. Marchant, avec Antommarchi
et l'abbé Vignali. L'Empereur parlait de choses fort
graves, lorsque le docteur se permit de rire, ce qui
était bien indécent de toute manière. Aussi ne fut-il
pas repris dans des termes modérés, comme ceux
qu'il relate. Ayant atténué sa faute, il a de même
adouci les reproches qu'il s'attira; l'irritation de
l'Empereur fut au comble, et je conçois bien que le
docteur n'en ait rien dit, puisque, moi-même, je me
refuse à les répéter, par respect pour la mémoire de
l'Empereur, qui a pardonné au docteur, et qui, l'ayant
chargé de plusieurs commissions honorables, l'a de
plus nommé avec estime dans son testament. »

Malgré de vives instances auprès de M. Marchant,
pour savoir les termes dont s'était servi l'Empereur,
il n'y voulut pas consentir, mais il ajouta : « Ne craignez pas de dire sous ma responsabilité que l'Empereur l'a *tancé d'importance*, pour un rire si déplacé,
dans une circonstance si solennelle. »

Singularité bien digne de remarque, M. Marchant
ne me répondit qu'en hésitant, sur le fait des messes
qui, d'après l'ordre de l'Empereur, devaient se dire

tous les jours, depuis *le 21 avril* jusqu'à sa mort, de l'aveu de MM. de Norvins et Antommarchi.

« Ce que je puis affirmer, me dit M. Marchant, c'est qu'un autel fut construit à cette intention et aussitôt démoli; et, autant que je puis me le rappeler, on crut, en interprétant le désir de l'Empereur, que l'office devait avoir lieu seulement après sa mort. D'ailleurs (continua M. Marchant), c'est Saint-Denis qui a construit l'autel, c'est aussi lui qui l'a démoli; interrogez-le, adressez-vous à lui pour ce détail, si M. le général Montholon ne juge pas à propos de vous satisfaire lui même. »

J'écrivis à M. le général Montholon pour lui demander un rendez-vous, il me fit l'honneur de me recevoir.

Dès notre première entrevue, il me confirma tout ce qui m'avait été dit au sujet de l'Extrême-Onction, du saint Viatique, en fixant les dates, rectifiant les erreurs, remplissant les omissions, citant Napoléon, et complétant les détails, de manière à ne laisser aucun doute sur l'essentiel.

« Il était heureux, me dit-il, de saisir une occasion, qui ne s'était pas encore présentée, de témoigner des sentiments religieux de l'Empereur, sentiments si favorables au christianisme. »

Le général me lut d'abord ce début solennel du testament, qui est une profession de foi : *Je meurs dans la religion apostolique, romaine.* Puis, il ajouta :

« L'Empereur était chrétien d'instinct et de conviction, par suite de son éducation italienne, autant

que par la nature de son génie. Une fois débarqué
sur le rivage affreux de sa captivité, il devait, avec
son caractère élevé, s'apercevoir, et il s'aperçut
aussitôt de l'étrange, de l'impardonnable oubli qu'on
avait fait d'un prêtre, dans la précipitation à l'écarter
de l'Europe pour le jeter sur un rocher perdu dans
l'immensité des mers, et dans une île où il n'y avait
ni prêtre, ni église catholique. Il en souffrit visible-
ment, et c'est à cette souffrance qu'il faut rapporter
des paroles qu'on trouve éparses dans le *Mémorial
de Sainte-Hélène*, et qui ont dû retentir dans toutes
les âmes religieuses :

« Quelle bonne fortune, Messieurs, si nous pou-
« vions nous résigner, et offrir à Dieu nos malheurs
« et notre captivité !

« Tombés de si haut dans une si extrême infor-
« tune, supportée en vue de Dieu, ce serait le sujet
« d'un si grand mérite, et peut-être notre plus sûre
« consolation ! »

« Ces paroles sont de Napoléon, continuait le
comte de Montholon ; il est certain que son malaise,
par suite de la privation d'un prêtre, se manifestait
plus particulièrement le dimanche. On remarquait
ce jour-là, dans ses traits, un redoublement de mélancolie et d'amertume. Enfin, c'est un dimanche
que je me souviens de l'avoir entendu s'écrier :

« Voyez, Messieurs, examinez ce que c'est que la
piété du roi Très-Chrétien ; jugez d'après leurs actes,
ces princes légitimes, ces monarques de droit divin ?
jugez la Sainte-Alliance. Que pensent-ils de moi, ou

que faut-il penser d'eux? leur conduite à mon égard, est-ce de la religion ou de la haine? Que prétendent-ils, en me privant des consolations religieuses? me prennent-ils, ou veulent-ils me faire passer pour une bête brute? et tous les habitants de cette plage protestante, qui ont les yeux fixés sur nous, ces soldats, ces officiers qui célèbrent le jour du Seigneur, que doivent-ils croire de moi? »

« Ce jour-là même, autant que je me le rappelle, ajouta le général, l'Empereur écrivit une lettre confidentielle au Cardinal, pour demander un prêtre en qui il pourrait placer sa confiance. Voici la raison qui le fit écrire directement lui-même. Sa demande d'un prêtre, plusieurs fois réitérée, depuis son arrivée à Sainte-Hélène, était demeurée sans réponse de la part du cabinet anglais; c'était le général Bertrand qui, par la nature de son titre de grand-maréchal, et dans l'ordre de ses fonctions, avait dû transmettre au gouvernement anglais le vœu du captif. Celui-ci finit par concevoir quelque soupçon sur le mode de transmission et douter que le général eût insisté sur la demande avec toute la vivacité et le zèle nécessaires[1]. »

Cependant le général Bertrand avait écrit la

[1] Ici se place une anecdote peu connue et qu'on regretterait d'oublier :

La demande de prêtres avait été faite réellement et était parvenue en France. On en donna communication à M. de Quélen, alors coadjuteur de l'archevêque de Paris (le cardinal de Périgord) et qui

lettre suivante au cardinal Fesch, quelques jours après la mort d'une personne du service de l'Empereur :

« Nous sentons tous les jours le besoin d'un ministre de notre religion; vous êtes notre évêque, nous désirons que vous nous envoyiez un prêtre français ou italien; veuillez dans ce cas faire choix d'un homme instruit, ayant moins de quarante ans et qui ne soit pas entêté des principes antigallicans. Le sieur Cipriani, maître-d'hôtel de l'Empereur, est décédé, le 27 février dernier, à Longwood, à quatre heures de l'après-midi. Il a été enterré dans le cimetière protestant, mais on a eu soin de faire mettre dans l'extrait mortuaire, qu'il était mort dans le sein de l'Eglise catholique, apostolique, romaine. Le ministre anglican aurait volontiers assisté le mourant; mais celui-ci voulait un prêtre catholique; comme nous n'en avons pas, il a paru ne pas se soucier du ministre d'une autre religion... »

Le général Montholon ajouta :

« Oui, l'Empereur était chrétien; chez lui la foi était un principe naturel, fondamental; le sentiment religieux arrivait à la surface, aussitôt qu'il

avait eu, au sujet de l'emprisonnement du Pape, une vive altercation avec l'Empereur. Le Ministre du roi Louis XVIII lui ayant dit :

— Quel est le prêtre qui consentira à s'exiler à Sainte-Hélène?

— Moi, répondit le Prélat, je m'offre volontiers pour gagner cette âme à Jésus-Christ.

Mais, par suite d'autres dispositions prises dans l'intervalle, M. de Quélen n'eut que le mérite de sa généreuse intention.

y était le moindrement appelé par la circonstance d'une sensation extérieure, d'un raisonnement fortuit. Quand quelque chose de téméraire, d'irréligieux, osait se produire devant lui, il semble qu'on attentait à son organisation intime; il était mal à son aise, il ne pouvait se contenir; alors il protestait, il s'opposait, il s'indignait; son esprit faisait éruption, il ne ménageait plus personne. Tel était son caractère, son naturel. Je l'ai vu, oui, j'ai vu cela, et moi, l'homme des camps, qui avais oublié ma religion, je l'avoue, qui ne la pratiquais point, je m'en étonnai d'abord; puis j'en pris des pensées, j'en reçus des impressions qui me demeurent à présent, qui sont souvent pour moi des sujets de réflexion profonde. J'ai vu l'Empereur religieux et je me dis à moi-même : Il est mort dans les bras de la religion, avec la crainte de Dieu. Je ne puis me dissimuler que l'âge me talonne, que la mort arrive aussi pour moi, et je voudrais mourir comme l'Empereur. Je ne doute pas que le général Bertrand ne soit préoccupé comme moi du souvenir des conversations religieuses et de la mort de l'Empereur; le général, voyez-vous, *finira comme son maître et son ami* [1]. »

Le général Montholon eut la bonté de me donner ces détails de vive voix, à peu près dans les termes qu'on vient de lire; il en ajouta d'autres,

---

[1] On verra dans l'*Appendice* la mort toute chrétienne du général Bertrand (1841).

qu'on lira tout à l'heure, sur l'Extrême-Onction
et sur le saint Viatique, avec des confidences que
je vais mettre également sous les yeux du lecteur.
Souvent, le général faisait parler Napoléon, et le
citait de mémoire. Tout le monde est en quelque
sorte à même de reconnaître la verve inspirée et
l'éloquence naturelle de ce parler si bref, profondément marqué du signe de la puissance. Jamais
la pensée ne se faisait attendre, et les mots cou-
laient sans effort de la bouche du général, et se
gravaient de même dans ma mémoire.

Néanmoins, je crus devoir demander au général
s'il ne lui répugnerait pas de m'écrire une lettre,
qui serait un témoignage authentique des sentiments et de la piété de l'Empereur. Il eut la bonté
d'accéder à ce vœu si naturel de ma part [1].

La demande d'un prêtre fut donc uniquement le
résultat des réflexions de l'Empereur, un acte de
la conscience et une détermination de sa volonté.

Si l'on en croit M. de Las Cases, le cabinet anglais fit des résistances, et le Saint-Père eut besoin
d'exiger cette condescendance; il menaça d'en
appeler d'un refus ou d'un délai inexplicable à
l'Europe entière. Enfin, Londres n'osa pas refuser
son acquiescement, et permit au cardinal Fesch de
nommer un ecclésiastique.

Les instances de l'Empereur avaient vaincu la
mauvaise volonté qui depuis deux ans lui refusait

[1] On trouvera cette lettre et plusieurs autres à la fin du volume.

même les consolations religieuses dans son exil;
il en reçut la nouvelle le 4 novembre 1818, par la
pièce officielle suivante, qui est un document inédit, émané d'Hudson Lowe lui-même.

TRADUCTION DU DOCUMENT OFFICIEL INÉDIT
D'HUDSON LOWE

« Le gouverneur, suivant les instructions qu'il a
reçues du comte Bathurst, un des premiers secrétaires d'Etat de Sa Majesté, a l'honneur de communiquer ce qui suit :

« Que le cardinal Fesch, ayant représenté au
Pape que le général Bonaparte désirait avoir un
prêtre, résidant à Longwood, en qui il pût placer
sa confiance, et s'étant adressé au prince régent,
pour obtenir la permission d'envoyer au général
Bonaparte un prêtre de la religion catholique,
Son Altesse royale, qui n'avait point trouvé de
motif pour rejeter la demande faite par le général
Bonaparte, avait consenti à ce que le cardinal
Fesch, suivant les désirs du général Bonaparte,
choisit un prêtre, et que ce prêtre eût la permission de demeurer à Longwood, assujetti aux conditions auxquelles il pourrait être nécessaire de le
faire souscrire.

« De plus, le gouverneur a l'honneur de faire
savoir que le comte Bathurst, ayant remarqué dans

les dernières dépêches du gouverneur que le général Bonaparte [1] avait exprimé le désir d'avoir un chirurgien français, d'une réputation connue, établi à Longwood, et d'avoir un cuisinier à qui il pût se fier, Sa Seigneurie avait profité de cette occasion pour faire savoir au cardinal Fesch les désirs du général Bonaparte à ce sujet, lui permettant de choisir les personnes qui devront remplir ces deux places. Elles seront assujetties aux mêmes conditions, concernant leurs rapports avec les habitants de l'île, et pourront partir pour Sainte-Hélène avec le prêtre catholique.

« Le comte Bathurst a ajouté qu'il ne manquerait pas de faire part au gouverneur, le plus tôt possible, des noms des individus choisis pour ces emplois, et de l'époque de leur départ.

« 4 novembre 1818.

« Certifié conforme à l'original,

« Paris, 4 avril 1840.

« F. MONTHOLON. »

« L'Empereur ayant reçu cette nouvelle, attendait avec impatience l'arrivée des prêtres annon-

---

[1] Le titre de *général* est répété presque à chaque ligne. Le motif en est simple. Tout le sort funeste de Napoléon est résumé dans ce seul mot. Hudson Lowe et Napoléon ont la même opinion au sujet de cette répétition, où tout le fiel britannique se retrouve.

cés par la missive d'Hudson Lowe; il en parlait
avec une joie anticipée. C'était le premier adou-
cissement à l'exil, et une consolation réelle,
profonde. « Enfin, disait-il, nous aurons la messe
« le dimanche! Revoir la Religion, c'est revoir la
« patrie. Privés de nos familles, du moins nous
« en aurons les mœurs, nous aurons un lien, une
« communication avec l'Europe, l'union des sou-
« venirs. Si nous fondons un autel catholique dans
« cette île, nous avons le droit d'en être fiers, car
« nous y arborons l'étendard de la France et d'une
« victoire perpétuelle contre notre ennemi. Oui, la
« Religion va élever une nouvelle barrière entre
« Plantation-House et Longwood, entre ces héréti-
« ques et moi. Ces prêtres qui arrivent, ce sont des
« coreligionnaires, des compatriotes, des frères, un
« renfort contre l'Angleterre. »

Le mot hérétique était souvent dans la bouche de
l'Empereur. Il ne le prononçait jamais qu'avec
l'accent de l'injure absolue et de la condamnation
définitive qu'implique ce mot. Hudson Lowe était
un *hérétique*, c'était le cri de l'Empereur prisonnier de l'Angleterre, mais aussi le cri de l'Italien,
du Corse catholique.

Une raison plus grave lui faisait désirer les prêtres, sa santé délabrée; il avait le pressentiment
de sa fin prochaine. Frappé de cette idée, il en
parlait souvent : « L'Angleterre réclame mon cadavre, disait-il, je ne la ferai point attendre. » Il
prévoyait l'heure de la mort avec le même calme

qu'il prévoyait autrefois l'heure de la victoire.
Mais, avant de raconter sa sublime agonie, il est
convenable de réunir, de citer ici quelques paroles religieuses de l'Empereur éparses dans les
Mémoires de Las Cases, O'Meara, etc. Ces voix
différentes sont plusieurs chemins vers un même
but, et une transition à des confidences plus explicites et plus étendues.

CHAPITRE TROISIÈME

Témoignage non suspect de M. Thiers. — Bonaparte à l'époque
du Consulat. — Religieux par tempérament. — Ses discussions
avec les savants incrédules. — Ni protestant, ni schismatique. —
Il veut le Pape, le vrai Pape. — Lettre à M. Champagny. —
Nombreuses anecdotes : Balayez cette canaille; le son des
cloches; le blessé russe; le matelot anglais; la bulle d'excommunication. — Conversation de l'Empereur avec l'abbé Emery, etc.

I

Ici se trouvaient, en effet, d'assez nombreuses
citations empruntées aux auteurs indiqués, et
qu'on a cru devoir retrancher à cause de leur
longueur et du peu d'intérêt qu'elles paraissaient
offrir en général à la plupart des lecteurs. Puis,
M. de Beauterne lui-même nous ayant avertis que
le *Mémorial*, par exemple, contenait à la fois le
pour et le contre, on s'étonnait qu'il cherchât à
s'appuyer, fût-ce indirectement, d'une autorité qui
semblait suspecte, et à bon droit. Car, en consultant les écrits originaux, des fragments cités, rap-
prochés de ce qui les précède ou les suit, nous ne
pouvions précisément tirer la même conclusion
que le Chevalier, trop préoccupé sans doute, en
les lisant, de sa thèse. Mais, dans ces écrits, l'in-

différence ou le scepticisme a-t-il toujours bien fidèlement interprété la pensée de l'Empereur? Il est permis d'en douter! Au reste, sur ce point, la discussion semble superflue en présence de témoignages contraires si affirmatifs, et surtout des actes les plus solennels, comme celui de la mort chrétienne de l'Empereur.

Pour en revenir aux retranchements en question nous nous en sommes fait d'autant moins scrupule, que nous trouvions à les remplacer avec avantage par d'autres documents plus concluants, et en même temps plus intéressants pour les lecteurs. Voici ce que M. Thiers, un écrivain éminent, mais qui n'est pas suspect de trop abonder dans notre sens, dit du général Bonaparte, à l'époque du consulat :

« ... La constitution morale du général Bonaparte le portait aux idées religieuses. Une intelligence supérieure est saisie, à proportion de sa supériorité même, des beautés de la création. C'est l'intelligence qui découvre l'intelligence dans l'univers, et un grand esprit est plus capable qu'un petit de voir Dieu à travers ses œuvres (pourvu, bien entendu, que les passions n'y mettent pas obstacle). Le général Bonaparte controversait volontiers sur les questions philosophiques et religieuses avec Monge, Lagrange, Laplace, savants illustres, qu'il honorait et qu'il aimait, et les embarrassait souvent dans leur incrédulité par la netteté et la vigueur originale de ses arguments.

A cela, il faut ajouter encore que, nourri dans un pays religieux, sous les yeux d'une mère pieuse, la vue du vieil autel catholique éveillait chez lui les souvenirs de l'enfance, toujours si puissants sur une imagination sensible et grande. »

« ... Un jour, Bonaparte disait à Monge, celui des savants de l'époque qu'il aimait le plus :

« Tenez, ma religion, à moi, est bien simple; je regarde cet univers si vaste, si compliqué, si magnifique, et je me dis qu'il ne peut être le produit du hasard, mais l'œuvre quelconque d'un être inconnu, tout-puissant, supérieur à l'homme autant que l'univers est supérieur à nos plus belles machines. »

Citons d'autres passages. Plus que personne, M. Thiers a eu entre les mains, par sa position, les documents originaux, et, pour les paroles surtout de Bonaparte qu'il reproduit, il a pu consulter les procès-verbaux officiels, ou de fidèles mémoires. Or, à propos du Concordat, par exemple, quel plaisir d'enregistrer des paroles comme celles-ci :

« Quant à la pensée de créer une église française indépendante, à la façon de l'église anglicane, il la trouvait aussi vaine que digne de mépris. Comment! lui, homme d'épée, se ferait chef d'église, espèce de pape, réglant la discipline et le dogme! Mais on voulait donc le rendre aussi odieux que Robespierre, l'inventeur du culte de l'Être-Suprême, ou aussi ridicule que Lareveillère-Lépeaux, l'inventeur de la Théophilanthropie? »

« ... Quant à l'idée de pousser la France au protestantisme, elle paraissait au Premier Consul plus que ridicule, elle lui semblait odieuse. En outre, il n'y réussirait pas davantage... Le mouvement des esprits portait vers le rétablissement de toutes les choses essentielles dans une société : la Religion était la première. « Je suis bien puissant aujourd'hui, disait-il, eh bien! si je voulais changer la vieille religion de la France, elle se dresserait contre moi, et me vaincrait [1]. »

Admirable! n'est-ce pas? Mais voici qui l'est davantage encore :

« Oui, sans doute, disait le Premier Consul, il me faut un Pape, mais il me faut un Pape qui rapproche au lieu de diviser, qui réconcilie les esprits, les réunisse, les donne au gouvernement sorti de la Révolution, pour prix de la protection qu'il en aura obtenue. Et pour cela, il me faut le vrai Pape, catholique, apostolique et romain, celui qui siége au Vatican. »

« ... L'examen en fait de science, disait-il encore, la foi en matière de religion, voilà le vrai, l'utile. L'institution qui maintient l'unité de la foi, c'est-à-dire le Pape gardien de l'unité catholique, est une institution admirable. On reproche à ce chef d'être un souverain étranger. Ce chef est étranger, en effet, et il faut en remercier le ciel. Quoi, dans le même pays, se figure-t-on une autorité pareille à

[1] Tout cela, comme on le voit, est en parfait accord avec les déclarations du cardinal Fesch.

côté du gouvernement de l'Etat? Réunie au gouvernement, cette autorité deviendrait le despotisme des sultans; séparée, hostile peut-être, elle produirait une rivalité affreuse, intolérable. Le Pape est hors de Paris, et cela est bien; il n'est ni à Madrid, ni à Vienne, et c'est pourquoi nous supportons son autorité spirituelle. A Vienne, à Madrid, on est fondé à en dire autant... On est donc trop heureux qu'il réside hors de chez soi, et qu'en résidant hors de chez soi, il ne réside pas chez des rivaux, qu'il habite dans cette vieille Rome, loin de la main des empereurs d'Allemagne, loin de celles des rois de France ou d'Espagne, tenant la balance entre ces souverains catholiques... Ce sont les siècles qui ont fait cela, et ils ont bien fait! »

Quel magnifique hommage rendu à la Papauté! Voilà le langage du Premier Consul. Comment comprendre, après cela, la conduite de Napoléon empereur envers le Saint-Siége, et le vertige de cette ambition qui le jeta plus tard dans des voies si fatales? O l'homme! ô l'homme! comme a dit Napoléon lui-même quelque part.

J'emprunte à un autre historien ce fragment, on peut dire si étonnant, d'un *Discours* du général Bonaparte *aux* CURÉS DE MILAN (1800) :

« ... De toutes les religions, il n'y en a pas qui s'adapte, comme la religion catholique, aux diverses formes de gouvernem'ent... Moi aussi, je suis philosophe et je sais que, dans une société, quelle qu'elle soit, nul homme ne saurait passer pour vertueux et juste, s'il ne sait d'où il vient et où il va. *La simple raison ne saurait nous fixer là-dessus.* Sans la religion, on marche continuellement dans les ténèbres, et la religion catholique est la seule qui donne à l'homme des lumières certaines sur son principe et sa fin dernière. »

On pourrait multiplier ces citations, mais il faut savoir se borner. Pourtant, nous nous reprocherions de ne pas reproduire encore l'admirable lettre à M. Champagny, plusieurs fois rappelée à propos d'une récente et misérable publication. Cette lettre, tirée des *archives de l'Empire*, n'a pas besoin de commentaire, elle est par elle-même assez éloquente.

« A MONSIEUR CHAMPAGNY

« Schoenbrun, 13 décembre 1805.

« C'est avec un sentiment de douleur que j'ap-
« prends qu'un membre de l'Institut, célèbre par
« ses connaissances, mais tombé aujourd'hui en
« enfance, n'a pas la sagesse de se taire et cherche
« à faire parler de lui tantôt par des annonces
« indignes de son ancienne réputation et du corps
« auquel il appartient, tantôt en professant hau-
« tement l'athéisme, *principe destructeur de toute*
« *organisation sociale, qui ôte à l'homme toutes*
« *ses consolations et toutes ses espérances.* Mon
« intention est que vous appeliez auprès de vous

« les présidents et les secrétaires de l'Institut, et
« que vous les chargiez de faire connaître à ce
« corps illustre, dont je m'honore de faire partie,
« qu'il ait à mander M. Lalande et à lui enjoindre
« au nom du corps de ne plus rien imprimer et
« de ne pas obscurcir dans ses vieux jours ce qu'il
« a fait dans ses jours de force pour obtenir l'es-
« time des savants. Si ces invitations fraternelles
« étaient insuffisantes, je serais obligé de me rap-
« peler aussi que mon devoir est d'empêcher que
« l'on empoisonne la morale de mon peuple, car
« l'athéisme est destructeur de toute morale, sinon
« dans les individus, du moins dans les nations. »

« NAPOLÉON. »

II

Terminons ce chapitre par quelques anecdotes
intéressantes à l'intention des lecteurs pour lesquels il ne faut pas être trop constamment sérieux.
Elles prouveront d'ailleurs que si, comme l'a cru
Gourgaud, l'Empereur a eu dans sa foi des défail-
lances passagères (ce qui explique certaines contradictions), il était toujours chrétien au fond,
religieux par tempérament, suivant l'expression de
M. Thiers. Il avait de plus ces instincts d'une
nature élevée qui tôt ou tard doivent ramener à
la vérité.

On rapporte qu'un jour, à Brienne, au moment
le plus solennel de la messe, un élève affectait de

tourner le dos au maître-autel. Le jeune Bonaparte, près duquel il se trouvait placé, dans un généreux mouvement d'indignation, le saisit par le bras et lui faisant faire volte-face :

— A genoux! lui dit-il tout bas, mais avec un énergique accent; à genoux! Et l'autre dut obéir.

Bonaparte avait gardé, du jour de sa première communion, qu'il déclara, comme on sait, dans une circonstance solennelle, le jour *le plus heureux de sa vie*, un vif et profond ressouvenir. Devenu Premier Consul, il envoya au P. Charles, minime, ancien aumônier de l'école de Brienne, le brevet d'une pension de *mille* francs, avec cette lettre écrite de sa main :

« Je n'ai point oublié que c'est à votre vertueux exemple et à vos sages leçons que je dois la haute fortune où je suis arrivé. Sans la religion, il n'est point de bonheur, point d'*avenir possible*. Je me recommande à vos prières.

« BONAPARTE. »

Pendant la journée du 20 juin, Bonaparte, simple officier encore, regardait défiler, après leur sortie des Tuileries, les hordes de misérables déguenillés, avinés, qui passaient en vociférant des cris de mort, en hurlant d'horribles chants. Il fut saisi d'un profond sentiment de dégoût et d'indignation, et, ne pouvant comprendre la résignation du bon Louis XVI, qui avait fait ouvrir ses appartements à ces bandits :

— Eh! comment, s'écria-t-il, a-t-on pu laisser entrer aux Tuileries cette canaille? Il fallait en balayer quatre à cinq cents avec du canon, et le reste courrait encore.

Aussitôt que le général Bonaparte parut à l'armée d'Italie, il mit à l'ordre du jour le respect de la religion et de ses ministres; et, quand il rencontrait des prêtres français sur les routes, il les protégeait en disant :

— Soldats, ces hommes sont des Français et des frères.

« Traitez avec le Pape, comme s'il avait *deux cent* mille hommes! » écrivait Napoléon au Ministre de France, lors de la négociation du Concordat.

« Le son des cloches, lisons-nous dans les *Mémoires* de Bourienne, produisait sur Bonaparte un effet singulier, que je n'ai jamais bien pu m'expliquer. Il l'entendait avec délices. Lorsque nous étions à la Malmaison, et que nous nous promenions dans l'allée qui conduit à la plaine de Rueil, combien de fois le son de la cloche n'a-t-il pas interrompu les conversations les plus sérieuses! Il s'arrêtait pour que le bruit de nos pas ne lui fît rien perdre de ces vibrations qui le charmaient. Il se fâchait presque contre moi de ce que je n'éprouvais pas les mêmes impressions que lui. L'action produite sur ses sens était telle, qu'il avait la voix émue et me disait souvent :

— Cela me rappelle les premières années que j'ai passées à Brienne; j'étais *heureux* alors!

« J'ai été *vingt* fois témoin du singulier effet que le son de la cloche produisait sur Napoléon. »

Le lendemain d'une bataille, l'Empereur descendait de cheval et donnait lui-même au corps des ambulances les ordres nécessaires au transport des blessés. Un jour, après la terrible affaire de Pulstuck, en Pologne, il vit un Russe, tout mutilé par le canon et horriblement défiguré par l'explosion d'un caisson, qui se traînait dans la boue; ce spectacle faisait horreur.

— Relevez cet homme! dit Napoléon au baron de Saint-Aignan, l'un des officiers de sa suite; et, comme celui-ci paraissait hésiter, l'Empereur reprit avec vivacité :

— Alléz donc! et sachez qu'il est là-haut un Dieu qui ne laisse pas les bonnes actions sans récompense.

M. le général de Montesquiou, ancien aide de camp de Napoléon, raconte qu'un jour, sur un champ de bataille, plusieurs fois l'Empereur le fit descendre de cheval pour demander aux prisonniers ou blessés ennemis qu'on rencontrait quelle était leur religion. Ils répondaient presque tous : *Chrétiens!*

— De quelle communion? dit l'Empereur.

— Protestants! fut-il répondu par plusieurs.

— Eh bien! reprit l'Empereur, dites-leur qu'ils se trompent et qu'ils ne sont pas chrétiens!

— Mais, Sire, dit respectueusement M. de Montesquiou, les protestants sont chrétiens.

— Non, Monsieur, non, repartit brusquement l'Empereur, ils ne sont pas chrétiens.

Cette parole, même dans son exagération, prouve combien profonds étaient en lui les instincts de foi catholique.

Un jeune matelot anglais, prisonnier en France, s'échappe d'un dépôt. Il avait fait avec beaucoup de difficulté et de patience un petit canot, avec lequel il espérait rejoindre les vaisseaux de la croisière anglaise; mais il fut découvert. Napoléon l'ayant su, le fit venir et lui dit :

— Mais tu as donc une bien grande envie de revoir ton pays; y aurais-tu laissé quelque maîtresse?

— Non, répondit le matelot, c'est ma mère, qui est vieille et infirme, et que je voudrais revoir.

— Eh bien, tu la reverras!

Et l'Empereur commanda aussitôt qu'on prît soin de ce jeune homme, qu'on l'habillât et qu'on le transportât à bord d'un croiseur de sa nation; il lui fit en même temps donner une petite somme pour sa mère, en disant :

— Ce doit être une bonne mère, puisqu'elle a un si bon fils.

Un jeune préfet refusait le titre de Monseigneur à un ministre de l'Empereur; l'Excellence s'en plaignit au souverain, qui répondit en riant :

— Mais c'est, qu'après tout, une telle obligation

n'est pas dans le Code. Toutefois, il faut en finir : faites-moi venir son père, je suis sûr que le jeune homme ne résistera pas à un ordre de son père.

Quelle haute idée l'Empereur n'avait-il pas du respect dû à l'autorité paternelle!

— C'est à ma mère, disait souvent Napoléon, c'est à ses bons principes que je dois ma fortune et tout ce que j'ai fait de bien. Elle est digne de tous les genres de vénération. *Je n'hésite pas à dire que l'avenir d'un enfant dépend de sa mère!* Belle parole et vraie!

L'Empereur, après la bataille d'Essling, était dans sa tente, au milieu de ses généraux, quand le nonce du Pape, arrivant de Vienne, demanda une audience pour accomplir un ordre de son souverain. Il est reçu par l'Empereur, auquel il remet un papier en disant :

— Sire, j'ai l'ordre de remettre cette bulle en mains propres à Votre Majesté.

L'Empereur décachète la missive et lit avec une émotion concentrée la bulle d'excommunication. Alors, levant les yeux et regardant fixement l'envoyé du Saint-Père, il lui dit :

— Vous avez fait votre devoir, Monsieur le nonce; c'est du courage à vous! Je vous estime.

Et pendant que le nonce se retirait, on l'entendit murmurer : « Quels hommes! quel caractère! »

Cependant, bientôt après, dominé par d'autres influences, relisant la bulle, il la froissa dans ses mains, puis, avec le fatal sourire du dédain, il s'écria :

— Que peut-il? J'ai 300.000 hommes sous mes ordres? sa foudre *fera-t-elle tomber les armes des mains de mes soldats?*

Or, à quelque temps de là, en Russie, « ses soldats se couchaient dans la neige, *où le froid leur faisait tomber les armes des mains,* » d'après maint témoin oculaire.

L'Empereur n'aurait pas dû oublier cette parole dite par lui naguère au duc d'Istrie :

« Je ne suis que l'instrument de la Providence; aussi longtemps qu'elle aura besoin de moi, elle me conservera; quand je ne lui serai plus utile, elle me brisera comme un verre. »

Une anecdote encore sur ce sujet. C'était le 17 mars 1811. L'Empereur présidait en personne la commission nommée pour l'examen des questions soulevées par la rupture avec le Saint-Siége. A cette réunion, pour lui donner plus de solennité, on avait appelé plusieurs grands dignitaires de l'Empire, l'archichancelier, le prince de Bénévent, etc. L'Empereur, après une violente sortie contre le Pape, « dont les évêques, disait-il, n'ont nul besoin pour gouverner leurs diocèses », adressa tout à coup la parole à M. Emery, le vénérable supérieur de Saint-Sulpice, et lui demanda ce qu'il pensait de tout cela.

— Sire, lui répondit avec une fermeté respectueuse M. Emery, ma réponse est facile. J'ouvre le catéchisme enseigné par vos ordres dans toutes les églises de l'Empire et j'y lis : *Le Pape est le chef visible de l'Eglise, à qui tous les fidèles doivent l'obéissance, comme au successeur de saint Pierre, d'après l'institution même de Jésus-Christ.* Cela est assez clair. Quant au concile dont il a été parlé, d'après la doctrine catholique, ce concile n'aurait aucune autorité s'il se tenait sans l'aveu, le consentement du Pape. Voilà la vérité, voilà les vrais principes.

— Le catéchisme, le catéchisme! murmurait à part lui l'Empereur; puis il reprit : Eh bien, je ne conteste pas la puissance spirituelle du Pape, puisqu'il l'a reçue de Jésus-Christ; mais Jésus-Christ ne lui a pas donné la puissance temporelle, il la tient de Charlemagne; et moi, comme successeur de Charlemagne, n'ai-je pas le droit de la lui ôter si je juge qu'il n'en use pas comme il conviendrait? À cela, qu'avez-vous à dire?

— Sire, répondit toujours sur le même ton M. Emery, je ne puis avoir là-dessus d'autre sentiment que celui de Bossuet dont Votre Majesté respecte la grande autorité. Bossuet n'est pas du tout de l'avis de Votre Majesté. En voici la preuve.

Et M. Emery donna immédiatement lecture de plusieurs passages que l'Empereur écouta non sans quelque surprise, mais avec grande attention. Puis la lecture finie, il dit :

— Je ne récuse pas l'autorité de Bossuet, tout cela était vrai de son temps où, l'Europe reconnaissant plusieurs maîtres, il n'était pas convenable que le *Pape fût assujetti à un souverain particulier*. Mais quel inconvénient y a-t-il que le Pape me soit assujetti à moi qui maintenant commande à l'Europe entière?

A cette interrogation si directe et bien faite pour embarrasser l'interlocuteur, tous les yeux se fixèrent avec une curiosité inquiète et une sorte d'anxiété sur l'abbé Emery. Mais celui-ci, sans se troubler, sans s'étonner, répondit avec beaucoup de ménagement, quoique d'une façon très-nette, que ce qui existait en ce moment pourrait ne pas exister toujours.

Après une autre discussion sur l'institution canonique, discussion où M. Emery ne montra pas moins de fermeté, sans oublier en rien le respect, la séance fut close. L'Empereur en se levant salua gracieusement de la tête le supérieur de Saint-Sulpice qui se retirait. Pourtant, quelques-uns des Prélats présents, craignant que la franchise de M. Emery ne lui eût déplu, le supplièrent de l'excuser en considération de son grand âge et de ses hautes vertus.

— Mais vous vous trompez, dit l'Empereur; je ne suis aucunement fâché contre ce bon abbé; il a parlé en homme qui sait son affaire, c'est ainsi que j'aime qu'on me parle.

Quelques jours après, un autre personnage d'un rang élevé voulant entretenir l'Empereur des affaires ecclésiastiques, il l'interrompit avec brusquerie en disant : « Taisez-vous, connaissez-vous ce dont vous parlez? où avez-vous appris la théologie? C'est avec M. Emery qui la sait que je dois et veux m'en entretenir.

Le cardinal Pacca, auquel nous empruntons ces détails, qu'il tenait du cardinal Consalvi, n'hésite pas à conclure en disant que, dans sa pensée, Napoléon ne serait jamais devenu persécuteur de l'Eglise, si, trouvant d'abord plus de résistance, il avait eu par là même plus d'occasions de s'instruire.

Un jour, pendant une promenade, à Sainte-Hélène, l'Empereur faisait cette réflexion :

— C'est aujourd'hui dimanche! nous aurions la messe si nous étions en pays chrétien, si nous avions un prêtre, et cela nous eût fait passer convenablement quelques instants de la journée. Mais on nous refuse un prêtre!

L'Empereur disait à propos du suicide :

« J'ai toujours eu pour maxime qu'un homme montre plus de vrai courage en supportant les calamités et en résistant aux malheurs qui lui arrivent qu'en se débarrassant de la vie. Le suicide est l'acte d'un joueur qui a tout perdu ou d'un prodigue ruiné; il n'est pas une preuve de courage, mais, tout au contraire, de faiblesse, de lâcheté.

Et dans une autre occasion :

« Les premiers principes de la morale chrétienne et ce grand devoir imposé à l'homme de suivre sa destinée, quelle qu'elle soit, m'empêcheront toujours de mettre moi-même un terme à l'horrible existence de Sainte-Hélène. »

Un jour, l'Empereur ayant entrepris la lecture d'*Andromaque*, sa pièce de prédilection, arriva à ces vers si connus :

> Je passais jusqu'aux lieux où l'on garde mon fils;
> Puisqu'une fois le jour vous souffrez que je voie
> Le seul bien qui me reste et d'Hector et de Troie,
> J'allais, Seigneur, pleurer un moment avec lui;
> Je ne l'ai point encore embrassé d'aujourd'hui.

D'abondantes larmes coulèrent de ses yeux, et il ferma le livre. « Il songeait, dit un historien, à cet autre Astyanax qu'il ne devait plus revoir, et qui devait à peine lui survivre quelques années. »

Ces dernières anecdotes nous ramènent à Sainte-Hélène et aux récits de M. de Beauterne

CHAPITRE QUATRIÈME

Arrivée de deux prêtres missionnaires à Sainte-Hélène. — Accueil qu'ils reçoivent d'Hudson Lowe et de l'Empereur. — Notice biographique de ces deux ecclésiastiques, écrite par eux-mêmes pour l'Empereur. — Napoléon faisant l'éloge de sa mère. — La première messe à Sainte-Hélène. — Égards de Napoléon pour le plus âgé des deux ecclésiastiques. — On fait *maigre* à Sainte-Hélène. — Les galanteries des rois flétries par l'Empereur. — Preuve de l'existence de Dieu par l'Empereur. — Son horreur pour le matérialisme. — Parallèle du protestantisme et du catholicisme. — La Cène selon les protestants et selon les catholiques. — Mot profond sur le mystère de la Croix.

Les deux prêtres, avec le docteur Antommarchi, arrivèrent dans le mois de septembre 1819 à Sainte-Hélène. Hudson Lowe les garda un jour entier à Plantation-House [1]; il les combla de prévenances, les fêta, les fit dîner avec lui. Etait-ce le gouverneur anglais ou bien le geôlier qui traitait ses hôtes? leur faisait-il honneur, ou déjà sondait-il leur moralité, cherchait-il à deviner leurs caractères? Pour le moins ces égards affectés pouvaient les rendre suspects à l'Empereur.

En effet, l'Empereur l'apprend, et dans son cœur la méfiance succède à la joie; c'est assez pour le mettre sur ses gardes; il refoule en lui-même son

---

[1] Maison de campagne du gouverneur anglais.

élan naturel vers ceux qu'il est avide de voir et
impatient d'interroger. Ce ne sont plus des compatriotes, des amis qui arrivent; ce sont les hôtes
du gouvernement anglais : « Qui êtes-vous, et d'où
venez-vous? Où sont vos lettres de recommandation? Quel motif vous a fait traverser les mers et
quitter l'Europe pour un rocher mortel aux Eu-
ropéens? »

L'Empereur, naturellement respectueux envers la
vieillesse, reçoit d'abord l'abbé Buonavita, à cause
de son âge; mais il ne lui accorde qu'un court moment d'audience; et une étiquette sévère préside à
ce glaçant accueil. Ah! sans doute, les prêtres catholiques, au lieu de s'en offenser, saluèrent la
vertu de prudence de ce nouveau Joseph, question-
nant ses frères avant de les reconnaître; sans
doute, ils se disaient tout bas : « Voici bien le
seuil d'un grand prince! Quel empire sur soi-
même! qu'il faut avoir l'âme héroïque pour maîtriser ainsi ses émotions, et faire taire le désir si
naturel d'avoir des nouvelles de son fils, de sa
mère, de ses frères, de ses sœurs et de ses
amis! » Il n'en était pas de même du docteur Antommarchi, qui raconte lui-même le
supplice de son amour-propre; pendant qu'il
s'irritait de retards, qui n'étaient à ses yeux
qu'une injurieuse méfiance, les deux abbés
répondaient avec candeur et simplicité à toutes
les questions. Ils remettaient à l'Empereur, sur
sa demande, chacun leur notice biographique,

écrite par eux, et qui les faisait connaître en re-
traçant toute leur vie.

NOTICE BIOGRAPHIQUE DE L'ABBÉ BUONAVITA

Antonio Buonavita, né à Pietralba, canton du
Canal, dans l'île de Corse, en 1762, fils légitime de
Christophe et d'Angela Buonavita, propriétaires,
fit ses premières études, jusqu'aux humanités, dans
son pays; ensuite il s'embarqua pour Pise, dans
la Toscane, où il suivit ses cours de rhétorique,
de loi civile, de philosophie et de théologie, et il
retourna chez lui pour se faire prêtre, en 1785.
L'année suivante, son père l'envoya à Cadix pour
des affaires de famille, et y ayant appris la mort
de son père, il ne pensa plus à retourner dans
sa patrie. Il entra chapelain dans la marine espa-
gnole. Ensuite il passa au Mexique, comme précep-
teur de D. Giuseppe Flores. L'année 1788, il fut fait
curé. Il resta vingt ans dans sa cure et, avec les
permissions nécessaires, la quitta, pour aller en
Corse pour deux ans. Il partit pour Philadelphie;
il eut une attaque d'apoplexie qui l'obligea de
rester dans ce pays plus de deux ans. Étant un
peu mieux, il vint en Europe, et passa en Espagne. En 1811, il ne pensa plus à retourner au
Mexique à cause des événements.

Il fut envoyé à Cuença pour des affaires d'Eglise,
et de là, en allant à Valence avec des biens du
roi, dans la division du général Monpoint, il fut
pris, dans la plaine d'Otiel, par les insurgés com-
mandés par Villacacupo, dépouillé de tout, et en-

voyé dans les montagnes d'Aragon. Il fut délivré
par le maréchal duc d'Albuféra qui, au nom de
S. M. l'Empereur Napoléon, l'investit d'une dignité
à Tortose, d'où il partit, quand on rendit la place
aux Espagnols. Ensuite il alla à l'île d'Elbe, et
S. M. l'Empereur l'honora du titre de chapelain de
Madame Mère. De là, il passa à Paris, où il arriva
deux jours avant que Sa Majesté partît pour la
campagne de Waterloo; ensuite Madame Mère
l'envoya à Londres, pour savoir si Sa Majesté
demeurait là, pour y venir elle-même. Il partit
pour Londres, et il eut le chagrin d'arriver quatre
jours après le départ de Sa Majesté. De l'Angleterre, il retourna à Rome, et fut nommé chapelain
de la princesse Borghèse, chez laquelle il est resté
en cette qualité jusqu'à son départ. Dans ce moment, il fut nommé, par le Pape régnant, protonotaire apostolique, le 5 février de cette année. Il
partit pour Londres, où il arriva le 19 avril. Il
s'embarqua le 9 juillet, dans le bateau suisse, et il
est arrivé à Longwood le 21 septembre [1].

Certifié conforme à l'original en mes mains.

F. MONTHOLON.

Paris, 4 avril 1840.

NOTICE BIOGRAPHIQUE DE L'ABBÉ VIGNALI

Angelo Paolo Vignali, né à Vignale de Rostino,
le 11 avril 1789, fils légitime d'Angelo Giovanni et

---

[1] Le bon abbé était Italien, il ne faut donc pas s'étonner dans
cette pièce de quelques incorrections.

de Lucie, propriétaires dans ledit pays, d'une famille honnête et honorable, apprit à lire, et à écrire, et à connaître les principes de la grammaire latine à l'école du pays. Il apprit la langue latine et l'humanité à la vallée de Rostino, la philosophie et les principes de la morale au séminaire à la porte d'Ampugnani. Il fut ordonné en 1814, le 20 octobre de la même année. Il partit de Corse avec un passeport pour Rome; mais, emporté par le désir de voir S. M. l'Empereur Napoléon, il passa par l'île d'Elbe; et, le 28 octobre, il eut le bonheur de parler à Sa Majesté, lorsqu'elle retournait de sa maison de campagne, ayant dans sa voiture S. Exc. M. le grand-maréchal Bertrand. Il partit de l'île d'Elbe et arriva à Rome, le 12 novembre, où il resta cinq ans à étudier la théorie pratique de la médecine. Le 15 janvier 1819, il fut reçu docteur en philosophie et en médecine par les autorités de ladite école de l'Université de Rome. Il partit, le 25 février, pour Londres, où il arriva le 19 avril. Il s'y embarqua pour Sainte-Hélène le 9 juillet, et y arriva le 21 septembre.

Certifié conforme à l'original.

MONTHOLON.

Après avoir lu ces notices, ainsi que les lettres de sa famille, Napoléon demande les deux prêtres. D'abord il se tourne vers l'abbé Buonavita, il lui parle de sa santé, de son âge, des dangers qu'il a courus sur mer pour venir à lui, de ceux qui le menacent sur ce rocher, par suite de l'intempérie du climat; enfin, l'Empereur pense à lui-même, à ses affections, à sa mère, à sa famille. Un bon cœur est le fondement naturel d'un grand esprit. A tout ce qu'il entend de sa mère, l'Empereur répond : *Elle m'a toujours aimé; elle a été toute sa vie une excellente femme, une mère sans égale; elle a un courage, une force d'âme au-dessus de l'humanité.*

Aussitôt il s'occupe de régler le service de la chapelle, de concert avec le général Montholon : il veut la messe le lendemain même; vainement on fait des objections. L'Empereur répond : « Quoi! Messieurs, dit-il, être privés depuis si longtemps d'un tel bonheur, et ne pas se hâter d'en jouir aussitôt que nous le pouvons? » On était embarrassé de trouver le lieu convenable : « Je vais l'indiquer, dit l'Empereur; désormais nous aurons la messe tous les dimanches, et les jours de fêtes reconnues par le Concordat; je veux à Saint-Hélène les cérémonies religieuses qu'on célèbre en France. Ces jours-là, on dressera un autel mobile dans la salle à manger; vous êtes âgé, souffrant, Monsieur l'abbé, je choisis l'heure qui vous sera la plus commode. Vous célébrerez de neuf à dix heures. »

Ces ordres donnés, l'Empereur mande le docteur Antommarchi. « Je vous recommande l'abbé Buonavita. Je crains que le Cardinal n'ait envoyé ici ce bon vieillard pour le faire enterrer. En tout cas, je le recommande à vos bons offices, il mérite notre bienveillance et notre appui : c'est un homme bien respectable. *Le Pape aussi est un vieillard excellent que j'ai toujours bien traité* [1]. »

Le soir, l'Empereur, seul avec le général Montholon, s'informe, dans le plus petit détail, des préparatifs pour la messe du lendemain. Il en parle avec une joie intérieure qu'il ne peut contenir, et qui est pour le général un sujet de réflexion et d'admiration. Mais déjà l'Empereur prévoyait des dissidences. Allant au-devant des objections, il disait : « Sur le trône, environné de généraux qui étaient loin d'être dévots, oui, je ne le cache pas, j'avais du respect humain et beaucoup trop de timidité; peut-être je n'aurais osé crier tout haut : *Je crois.* Je disais : La religion est une force, un rouage de ma politique; mais alors même, si l'on m'eût questionné en face, j'aurais répondu : Oui, je suis chrétien; et, s'il eût fallu confesser la foi au prix du martyre, j'aurais retrouvé tout mon caractère; oui, je l'aurais enduré, plutôt que de renier ma religion. Maintenant que je suis à Sainte-Hélène, pourquoi dissimulerais-je ce que je pense au fond de l'âme? Ici, je vis pour moi. Je veux un prêtre, je veux la messe et professer ce que je crois. J'irai à la messe; je ne force personne de m'y accompagner, mais ceux qui m'aiment m'y suivront. »

L'Empereur, dans le *Mémorial* de M. de Las Cases, dans O'Meara, et dans le récit d'Antommarchi, répète souvent cette phrase. Il ignorait donc les cruels procédés dont ses agents avaient usé envers le Pape? Mais alors même devait-il les ignorer?

Tout le service divin, à Sainte-Hélène, consistait dans une messe basse. Sitôt que l'Empereur entrait dans la chapelle, il faisait un signe de croix très-prononcé, et, s'agenouillant sur un fauteuil, il y demeurait les mains jointes, avec toutes les marques du recueillement. Au moment de l'élévation, il inclinait la tête avec un sentiment profond d'adoration. C'était tantôt le jeune Bertrand, tantôt le jeune Montholon qui faisait l'office d'enfant de chœur. Pour le service de la chapelle, tout était riche et magnifique; le Cardinal avait tout prévu. Mais il faut mettre à l'aise ceux qui ne se soucient pas d'entendre la messe, et l'Empereur décida que, pour assister à la sienne, il faudrait, comme aux Tuileries, être invité.

L'Empereur, plein d'un respect vraiment filial pour l'abbé Buonavita, l'invite à s'asseoir à sa table avec l'abbé Vignali; il ne cesse de lui témoigner en particulier et en public les égards qui sont dus à la vieillesse rehaussée d'un caractère sacré. Un jour, il lui disait : « Vous êtes protonotaire apostolique; ne pourriez-vous pas prendre le costume d'évêque; ne suis-je plus l'Empereur? Vous êtes mon aumônier; je ne vous le dis pas pour moi, ni par une considération de vanité puérile : non, il faut imposer à ces hérétiques, et rien n'est imposant comme le costume d'évêque. » L'Empereur dès lors parut vouloir de plus en plus sérieusement se rapprocher de la pratique religieuse. Il est certain qu'il voulait qu'on fît maigre à Sainte-

Hélène, le vendredi, et plus d'une fois il dit au maître-d'hôtel : « Allons, Cypriani, sommes-nous donc des parpaillots? Pourquoi nous fais-tu vivre comme eux? Tu es Italien comme moi. Ce n'est pas le poisson qui manque à Sainte-Hélène; fais-nous du maigre; c'est aujourd'hui vendredi. »

Mais quand on y manquait, ce qui arrivait le plus souvent, il disait doucement : « Allons, Messieurs, une autre fois faisons maigre. Quelle excuse avons-nous? sommes-nous à la guerre? est-ce le poisson qui manque? Cependant, ajoutait-il, j'ai une dispense et le pouvoir de dispenser les autres; ce qui fait que je ne pêche pas, et, si vous le voulez, vous ne pêcherez pas non plus. Je suis un vieux soldat; je sais l'importance d'un signe de ralliement, la nécessité et les bienfaits de la discipline. Tous les vices, toutes les passions sont plus près qu'on ne croit de nos appétits naturels. Quel souvenir contenu dans le seul mot de *vendredi!* » Mais ces paroles avivèrent les discussions religieuses.

OPINION DE L'EMPEREUR SUR LES GALANTERIES ET LES MAITRESSES DES ROIS

Un jour, on parlait des maîtresses des rois; l'Empereur dit : « Si la race des Bourbons a mérité ses malheurs, c'est pour avoir voulu s'élever au-dessus de la Religion et de la morale. Rien de plus

Insolent, de plus démoralisant que le libertinage scandaleux d'un souverain. Mieux vaut, pour un royaume, la guerre la plus malheureuse ou le fléau de la peste. La corruption est contagieuse quand elle descend du trône; car la cour et la ville s'empressent d'imiter. Sans nul doute, les galanteries de la royauté, les turpitudes du Régent et de Louis XV furent une des principales causes de la révolution. Avant qu'on dégradât le pouvoir, le pouvoir s'était dégradé lui-même; il était tombé au-dessous de tout le monde, en foulant aux pieds tous les principes. Louis XVI, par son courageux, son glorieux martyre, releva la royauté dans l'opinion; ceci ne justifie pas, mais explique les crimes de Marat et de Robespierre et des autres régicides, qui sont vraiment des monstres à face humaine; mais ces monstres ont exécuté une sentence de réparation sociale... Les forfaits y ont servi, comme les immondices qui servent d'engrais à une terre épuisée et la rendent capable de produire au centuple. Quant à moi, si j'ai eu des faiblesses, je n'en ai jamais fait parade, j'en ai rougi le premier. C'est que j'en appréciais les conséquences. Les femmes sont un écueil pour le souverain. Mon âme était trop forte pour donner dans le piége; sous les fleurs, je jugeais du précipice. Je commandais de vieux généraux. Les regards jaloux s'attachaient à tous mes mouvements. Ma fortune était dans ma sagesse; j'eusse pu m'oublier une heure; et combien de mes victoires n'ont pas tenu à plus de temps? En épousant Marie-Louise je me sentais un cœur bourgeois. Peut-être la postérité me reprochera ce mariage; j'aurais dû épouser une Française [1].

PREUVE DE L'EXISTENCE DE DIEU

Quelqu'un disait à Napoléon : « Sire, vous croyez en Dieu; j'y crois également. Insensé qui pourrait en douter! Mais pourtant quel est-il? L'avez-vous vu cet Etre si mystérieux? Qu'en savez-vous?

L'Empereur répliqua :

« Qu'est-ce que Dieu? Si je le connais, ce que j'en sais? Eh bien! je vais vous le dire : répondez à votre tour : Comment jugez-vous qu'un homme a du génie! Est-ce quelque chose que vous avez vu? est-ce une chose visible, le génie? Qu'en savez-vous pour y croire? On voit l'effet, et de l'effet on remonte à la cause, on la cherche, on la trouve, on l'affirme, on y croit, n'est-ce pas? Ainsi, sur un champ de ba-

[1] L'Empereur se trompe en disant qu'il devait épouser une Française; il devait rester uni à Joséphine. Le lien du mariage n'est-il pas un lien indissoluble, fondé sur la parole de Dieu et sur l'intérêt même de la société? Si le divorce est un crime pour les particuliers, comment un souverain peut-il se le croire permis? Napoléon a outragé les femmes et la société, autant que la religion, en se séparant de l'Impératrice; mais ce fut le crime de ses passions, plutôt que de sa volonté.

taille, quand l'action est engagée, si tout d'un coup le plan d'attaque est reconnu mauvais, à la promptitude, à la justesse des manœuvres, on admire, on s'écrie : *Un homme de génie !* Au fort de la mêlée, quand la victoire flottait indécise ; pourquoi, vous, le premier, me cherchiez-vous du regard ? Oui, vos lèvres m'appelaient, et de toutes parts on n'entendait qu'un cri : L'Empereur, où est-il ? Les ordres !

« Qu'est-ce que c'était que ce cri ? C'était le cri de l'instinct et de la croyance générale à moi, à mon génie.

« Eh bien ! moi aussi, j'ai un instinct, une certitude, une croyance, un cri qui m'échappe malgré moi ; je réfléchis, je regarde la nature avec ses phénomènes, et je dis : *Dieu !* J'admire et je m'écrie : *Il y a un Dieu.*

« Mes victoires vous font croire en moi ; eh bien ! l'univers me fait croire en Dieu. J'y crois à cause de ce que je vois, à cause de ce que je sens. Ces effets merveilleux de la toute-puissance divine, ne sont-ce point là des réalités aussi positives et plus éloquentes que mes victoires ? Qu'est-ce que la plus belle manœuvre auprès du mouvement des astres ? Puisque vous croyez au génie, dites-moi du moins, dites-moi, je vous prie, d'où vient, chez l'homme de génie, cette soudaineté d'idées, l'inspiration, ce coup d'œil qui n'est propre qu'à lui ? répondez ! D'où vient cela ? indiquez-en la cause. Vous l'ignorez, n'est-ce pas ? Eh bien ! moi aussi, et personne n'en sait plus que nous deux... Si quelqu'un vient me dire : « Ce sont les organes. » Je hausse les épaules, car c'est là une niaiserie bonne pour un carabin, mais non pour moi, entendez-vous ?

« Votre esprit à vous, est-il celui du pâtre que nous apercevons d'ici dans la vallée gardant ses moutons ? N'y a-t-il pas la même distance entre vous et lui qu'entre un cheval et un homme ? Comment le savez-vous ? Ce n'est pas que vous ayez jamais vu son esprit. Non, l'esprit d'une bête a 'e don d'être invisible ; il a ce privilége comme le plus grand génie.

« Mais vous avez causé avec ce pâtre, vous avez examiné son visage, vous l'avez questionné, et ses réponses vous ont dit ce qu'il était. Vous jugez donc la cause d'après les effets, et vous jugez bien. Certes, votre intelligence, votre raison, vos facultés sont infiniment au-dessus de celles de ce pâtre.

« Eh bien? moi, je suis la même marche, et les effets divins me font croire à une cause divine. Oui, il existe une cause divine, une raison souveraine, un être infini ; cette cause est la cause des causes, cette raison est la raison créatrice de l'intelligence. Il existe un être infini, auprès duquel, général, vous n'êtes qu'un atome ; auprès duquel, moi, Napoléon, avec tout mon génie, je suis un vrai rien, un pur néant, entendez-vous? Je le sens, ce Dieu... je le vois... j'en ai besoin, j'y crois... Si vous ne le sentez pas, si vous n'y croyez pas, eh bien ! tant pis pour vous...

« Mais je m'emporte, général, puisque, comme moi, vous croyez à l'existence de Dieu, et tenez à honneur de le proclamer; je pardonne bien des choses, mais j'ai horreur de l'athée et du matérialiste. Comment voulez-vous que j'aie quelque chose de commun avec un homme qui ne croit pas à l'existence de l'âme; qui croit qu'il est un tas de boue et qui veut que je sois, comme lui, un tas de boue? »

CRITIQUE DU PROTESTANTISME

L'Empereur avait peu de goût pour le protestantisme, et il saisissait volontiers l'occasion d'en faire la critique. Voici ce qu'il en disait un jour à Sainte-Hélène :

« On peut appeler le protestantisme, si l'on veut, la religion de la raison, dénomination bien convenable, pour une invention de l'homme.

« Le catholicisme, au contraire, est la religion de la foi, parce qu'il est l'œuvre de Dieu.

« Sans doute, nous avons tous du penchant à mesurer tout à l'aune de notre jugement, et à ne croire que ce qui tombe sous nos sens.

« Humainement parlant, je m'arrangerais de faire la Cène en mémoire de Jésus-Christ, plutôt que de manger réellement son corps et de boire son sang, ce qui est difficile à entendre et dur à croire.

« Mais dois-je m'étonner de rencontrer des mystères dans la religion, quand j'en vois partout dans la nature? Moi, qui ne conçois rien de la création, qui ignore l'essence des choses, dois-je m'étonner que l'explication même de tant de mystères soit un dogme tout mystérieux ? Je m'étonnerais plutôt qu'il en fût autrement.

« Oui, la religion est ce qu'elle doit être, eu égard à la grandeur de l'Être-Suprême et à la misère d'une pauvre créature ; j'y vois précisément la preuve de la vraie religion. Pourquoi ne pas nier l'azur, parce qu'on ne peut en mesurer ni en embrasser l'immensité avec le compas ?

« Il n'est que Dieu, il n'est que la foi qui puisse atteindre et résoudre ces hautes questions de la création du monde et de la destinée humaine.

« D'ailleurs, si le protestantisme s'approprie mieux à mon imbécilité humaine, comme roi, comme chef d'un grand empire, je demeure catholique.

« Le catholicisme est la religion du pouvoir et de la société, comme le protestantisme est la doctrine de la révolte et de l'égoïsme. La religion catholique est une, mère de la paix et de l'union.

« L'hérésie de Luther et de Calvin est une cause éternelle de division, un ferment de haine et d'orgueil, un appel à toutes les passions.

« Le clergé catholique a présidé à la fondation de la société européenne ; ce qu'il y a de meilleur dans la civilisation moderne, les arts, les sciences, la poésie, tout ce dont nous jouissons est son ouvrage. Tous les éléments d'ordre, qui assurent la paix des États, sont encore un de ses bienfaits.

« Au contraire, le protestantisme a signalé sa naissance par la violence, par les guerres civiles. Après avoir détruit l'autorité par un esprit de doute, et par une critique de mauvaise foi, l'hérésie a préparé, par l'affaiblissement de tous les liens sociaux, la ruine de tous les Etats. L'individu livré à lui-même s'abandonne au scepticisme; le besoin de croire, de se confier à son semblable, est la base de tous les rapports des hommes entre eux : on a sapé cette base.

« L'anarchie intellectuelle que nous subissons est une suite de l'anarchie morale, de l'extinction de la foi, et de la négation des principes qui a précédé.

« Bientôt nous subirons les convulsions de l'anarchie matérielle; quand les riches auront mis tout frein de côté, le peuple se précipitera aussi vers les jouissances matérielles. L'Europe est atteinte du mal de l'idéologie, mal incurable! elle en mourra. Les plus belles idées du monde n'ont de valeur que par leur réalisation; si les idées ne se personnifient, politiquement parlant, ce sont des rêves. Telles sont les idées du journalisme, qui prêche de véritables utopies.

« Si le protestantisme a vraiment, comme on le dit, développé l'esprit industriel, augmenté le bien-être matériel; ce léger avantage, qu'on pouvait obtenir avec le catholicisme, est largement compensé par toutes sortes de maux causés par le libre examen, sans parler de ceux qui sont imminents pour l'avenir.

« Un protestant honnête homme ne peut pas ne pas mépriser Luther et Calvin, ces violateurs éhontés du second commandement de Dieu; l'idée de Dieu est inséparable de la foi à la parole. Qu'espérer de bon de ces deux religieux catholiques, déserteurs de leur couvent et de la foi jurée? Ils étaient liés par les vœux les plus solennels, et qui obligent le plus étroitement, ceux de la religion : ils y renoncent sans avoir aucune excuse ! Ces deux moines apostats ignoraient-ils que le serment est la base des sociétés, si bien que Jephté a tué sa fille pour accomplir un vœu imprudent, ce qui est raconté sans le moindre blâme dans la Bible? Ils ont mis de côté le célibat, pour favoriser, pour assouvir leur luxure et celle des princes qui les protégeaient. Sont-ce là les hommes de Dieu ? Un Henri VIII, un Luther, un Calvin peuvent-ils être des agents, des intermédiaires de la divinité? D'ailleurs, qu'est devenu le protestantisme primitif? Les protestants n'en ont rien retenu, que la maxime absurde de ne s'en rapporter qu'à soi sur les matières religieuses. Aussi, de nos jours, les protestants ne s'entendent pas plus entre eux qu'avec nous autres catholiques.

« On compte 70 sectes reconnues, on en compterait 70,000 si l'on consultait chaque protestant sur sa croyance.

« Et comment en serait-il autrement ? Est-il un lien assez fort pour réunir des hommes qui croient plus à eux-mêmes qu'à des règles, à des définitions et à un symbole, qui n'admettent ni base fixe, ni autorité, qui demain peuvent rejeter ou démentir leurs croyances d'aujourd'hui?

« Peut-être on finira par s'entendre avec un schismatique, parce qu'ici la porte n'est pas ouverte à toutes les nouveautés. Il y a une limite à l'erreur. Un schismatique reconnaît invariablement les mêmes dogmes, parce qu'il demeure soumis à une autorité.

« L'empereur Alexandre et moi, nous aurions peut-être rétabli l'unité entre les communions chrétiennes. Nous en avions conçu le projet, cela était possible. Mais ce serait une folie de penser à un rapprochement avec un protestant, qui croit au dogme de son infaillibilité, et à la souveraineté monstrueuse de l'individu.

« Où trouver un point de ralliement avec des sectaires dont la secte est fondée sur une base aussi mouvante que le droit, pour chaque individu, d'interpréter l'Evangile, suivant les inspirations de sa conscience, sans assujettissement, ni à la tradition, ni à l'autorité?

« Il est vrai que le catholicisme est un océan de mystères ; mais, outre que le protestantisme les admet presque tous, la religion catholique possède des avantages qui me la feront toujours préférer à toute autre. Elle est une, elle n'a jamais varié, et elle ne peut changer. Ce n'est pas la religion de tel homme, mais la vérité des conciles et des Papes, qui remonte sans interruption jusqu'à Jésus-Christ, son auteur.

« Elle possède tous les caractères d'une chose naturelle et d'une chose divine; elle plane au-dessus des passions et des vices : elle est un soleil qui éclaire notre âme avec mystère et majesté; elle est infiniment supérieure à notre esprit, et, malgré cette supériorité, très-appropriée aux plus communes intelligences, sa vertu est une vertu cachée, qui est au-dedans de l'homme, comme la séve au-dedans des arbres.

« Telle est la religion catholique, qui met l'ordre partout, qui est à la fois un lien social et un lien religieux, qui fortifie le pouvoir, qui prêche à tous l'union et l'amour, et qui persuade merveilleusement à chacun son devoir.

« C'est pour cela que je suis chrétien, catholique romain, parce que mon père l'était, que mon fils l'est comme moi, et que j'aurais un grand chagrin si mon petit-fils pouvait ne pas l'être... »

OPINION DE L'EMPEREUR SUR LA CÈNE SELON LES PROTESTANTS ET SELON LES CATHOLIQUES

Un jour qu'il était question de Luther et de Calvin, et spécialement du changement que ces deux hérésiarques s'étaient permis dans l'interprétation des paroles sacramentelles de la Cène, Napoléon formula ainsi son opinion :

« Quelles sont les paroles du Christ ? les voici : *Ma chair est vraiment viande, et mon sang est vraiment breuvage. Si vous ne mangez ma chair, si vous ne buvez mon sang, vous n'aurez pas la vie en vous* ; et, en prenant du pain : *Ceci est mon corps* ; de même, en prenant du vin : *Ceci est mon sang.*

« Catholiques et protestants reçoivent également

5.

ces paroles ; comment se fait-il qu'ils les interprètent si différemment : les catholiques dans le sens littéral, et les protestants dans le sens figuré ?

« Les protestants veulent que tout ce langage, si positif, si extraordinaire, qu'ils croient, comme les catholiques, être la parole de l'Homme-Dieu, que ce langage n'aboutisse qu'à cette maigre et chétive signification : « Ceci représente du pain, ceci repré-« sente du vin. Souvenez-vous de manger cette Cène « en souvenir de moi. »

« Voilà, en effet, une explication toute vulgaire, et qui ne présente plus à la raison la moindre difficulté, je l'accorde ; mais aussi je n'y vois plus rien de ce qui annonce un Dieu et la parole efficace de l'Etre-Suprême ; j'y vois l'invention, le conseil, la pensée et l'exhortation d'un homme comme moi. Mais pourquoi donc employer des mots remplis d'horreur comme ceux-ci : *Mon corps est viande*, etc., et appuyer sur ces expressions, en développer le sens avec une insistance toute particulière ? Pourquoi des paroles aussi épouvantables pour rendre la pensée la plus simple du monde ?

« Si je crois à la divinité du Christ, c'est à cause du mystère profond caché dans ces paroles, à cause de l'efficacité qu'il a su y attacher.

« Si le Christ a entendu se borner à cette recommandation : *Mangez du pain, buvez du vin, en mémoire de moi*, et je m'unirai à vous et vous vous unirez en moi ; il n'y a rien là d'un Dieu... ; en dissimulant le mystère, vous anéantissez la religion. Qu'est-il besoin d'un Dieu pour faire tout juste ce qu'un homme peut dire et faire?

« Et cependant les protestants croient à la divinité de Jésus-Christ. Ils croient à l'Evangile, à la sainte Trinité et à la conception par l'opération du Saint-Esprit. Pourquoi cela? Ces mystères sont au-dessus de la raison. Il n'y a que quelques mots dans l'Evangile qui les affirment; pourquoi ne pas les interpréter également avec la raison? »

MOT PROFOND DE L'EMPEREUR SUR LE MYSTÈRE
DE LA CROIX

Napoléon avait un sens droit; il s'en servait pour juger tout ce qui s'offrait à son esprit. Il racontait un jour, à Sainte-Hélène, qu'on avait fait plusieurs fois des tentatives auprès de lui, à diverses époques de sa puissance, pour l'engager à se déclarer le chef de la religion, en mettant de côté le Pape. « On ne s'en tenait pas là, disait-il : on voulait que je fisse moi-même une religion à ma guise, m'assurant qu'en France et dans le reste du monde, j'étais sûr de ne pas manquer de partisans et de dévots du nouveau culte. Que répondre à de pareilles sottises?

« Un jour, cependant, que j'étais pressé sur ce sujet par un personnage qui voyait là-dessous une grande pensée politique, je l'arrêtai tout court : « Assez, Monsieur, assez; voulez-vous aussi que je me fasse crucifier? » Et, comme il me regardait d'un air étonné : « Ce n'est pas là votre pensée, ni la mienne non plus : eh bien! Monsieur, c'est là ce qu'il faut pour la vraie religion ! Et après celle-là je n'en connais pas, ni n'en veux connaître une autre. »

Entrant une après-midi dans la chambre de madame de Montholon, et apercevant un crucifix, Napoléon dit avec humeur : « Pourquoi ce crucifix dans cette chambre consacrée aux épingles, à la toilette et aux chiffons? où l'on se pare, où l'on se mire tout le jour dans une glace? Comment accorder tout cela? »

CHAPITRE CINQUIÈME

Le P. Lacordaire et Napoléon. — Sur la divinité de Jésus-Christ. — Objections. — Magnifique réponse de l'Empereur. — Le christianisme et les fausses religions. — Jésus-Christ est un être exceptionnel, absolument différent de quoi que ce soit. — Les conquêtes de César, d'Alexandre, d'Annibal, de Napoléon comparées à celles du Christ. Mahomet et le Coran. Etre athée ou chrétien. — Le Christ imposteur ou Dieu. — Explication de la durée des hérésies. — Eloge de l'Evangile. — La foi est le bonheur. — Les fondateurs d'empires et de religions se sont servis du nom de Dieu, sans oser l'usurper pour eux. Le Christ est le seul qui exige d'une manière absolue, exclusive, pour lui seul, le culte suprême. — Le miracle permanent de la charité.

Le chapitre qu'on va lire et le mémorable discours qu'il contient ont inspiré à un grand orateur chrétien, qui est en même temps un admirable écrivain, une de ses plus éloquentes pages. Il nous a paru utile de la reproduire ici, en forme de prologue. Le lecteur assurément ne s'en plaindra pas.

« Notre âge, dit le P. Lacordaire, s'ouvrit par un

homme qui surpassa tous nos contemporains et que nous, venus après, nous n'avons pu égaler. Conquérant, législateur, fondateur d'empire, il eut un nom et une pensée qui sont encore présents partout. Après avoir accompli l'œuvre de Dieu, sans y croire, il disparut, cette œuvre achevée, et se coucha comme un astre éteint dans les eaux profondes de l'océan Atlantique. Là, sur un rocher, il aimait à ramener devant lui-même sa propre vie, et, de lui, remontant à d'autres auxquels il avait droit de se comparer, il ne put éviter, sur ce théâtre illustre, dont il faisait partie, d'entrevoir une figure plus grande que la sienne : le malheur ouvre l'âme à la lumière que la prospérité ne discerne pas. La figure revenait toujours, il fallut la juger. Un des soirs de ce long exil, qui expiait les fautes du passé et éclairait la route de l'avenir, le conquérant tombé s'enquit d'un des rares compagnons de sa captivité s'il pouvait bien lui dire ce que c'était que Jésus-Christ. Le soldat s'excusa; il avait eu trop à faire depuis qu'il était au monde pour s'occuper de cette question.

« Quoi! reprit douloureusement l'interlocuteur, tu as été baptisé dans l'Eglise catholique et tu ne peux pas me dire à moi, sur ce rocher qui nous dévore, ce que c'était que Jésus-Christ. Eh bien ! c'est moi qui vais te le dire.

« Et alors, ouvrant l'Evangile, non pas de la main, mais d'un cœur qui en était rempli, il se mit à comparer Jésus-Christ avec lui-même et tous les plus grands hommes de l'histoire; il releva les différen-

ces caractéristiques qui mettent Jésus-Christ à part
de toute l'humanité, et, après un *torrent d'éloquence
qu'aucun Père de l'Eglise n'aurait désavoué*, il conclut par ce mot : Enfin, je me connais en hommes,
et je te dis que Jésus-Christ n'était pas un homme !

« ...... Un jour aussi, sur la tombe de son grand
capitaine, la France gravera ces paroles et elles y
brilleront d'un plus immortel éclat que le soleil des
Pyramides et d'Austerlitz. »

Maintenant, laissons parler l'Empereur.

Un soir, à Sainte-Hélène, la conversation était
animée ; on traitait un sujet bien élevé ; il s'agissait
de la divinité de Jésus-Christ. Napoléon défendait la
vérité de ce dogme avec les arguments et l'éloquence
d'un homme de génie, avec quelque chose aussi de
la foi native du Corse et de l'Italien.

Aux objections d'un de ses interlocuteurs qui,
dans le Sauveur, ne semblait voir qu'un sage, un
philosophe illustre, un grand homme, l'Empereur
répondit [1] :

« Je connais les hommes, et je vous dis que Jésus
n'est pas homme.

« Les esprits superficiels voient de la ressemblance
entre le Christ et les fondateurs d'Empires, les con-
quérants et les dieux des autres religions. Cette ressemblance n'existe pas. Il y a entre le christianisme

---

[1] Napoléon n'a jamais prononcé tout d'une haleine le magnifique plaidoyer qu'on va lire. L'auteur a donc réuni et ras-
semblé ici ce qui a été dit dans plusieurs conversations.

et quelque religion que ce soit, la distance de l'infini.

« Le premier venu tranchera la question comme moi, pourvu qu'il ait une vraie connaissance des choses et l'expérience des hommes.

« Quel est celui de nous qui, envisageant avec cet esprit d'analyse et de critique que nous avons les différents cultes des nations, ne puisse dire en face à leurs auteurs :

« Non, vous n'êtes ni des dieux, ni des agents de
« la Divinité ; non, vous n'avez point de mission du
« Ciel. Vous êtes plutôt les missionnaires du men-
« songe ; mais, à coup sûr, vous fûtes pétris du
« même limon que le reste des mortels. Vous êtes
« bien de la race et de la famille d'Adam. Vous ne
« faites qu'un avec toutes les passions et tous les
« vices qui en sont inséparables, tellement qu'il a
« fallu les déifier avec vous. Vos temples et vos prê-
« tres proclament eux-mêmes votre origine. Votre
« histoire est celle des inventeurs du despotisme. Si
« vous exigeâtes de vos sujets le culte et les hon-
« neurs qui ne sont dus qu'à Dieu seul, vous fûtes
« inspirés par l'orgueil naturel au rang suprême.
« Et certainement ce ne fut ni la liberté, ni la
« conscience qui vous obéirent d'abord, mais la bas-
« sesse, le besoin et l'amour du merveilleux, l'igno-
« rance et la superstition ; voilà vos premiers ado-
« rateurs. »

« Tel sera le jugement, le cri de la conscience de quiconque interrogera les dieux ou les temples du paganisme.

« Reconnaître la vérité est un don du Ciel et le caractère propre d'un excellent esprit; mais il n'est personne qui ne puisse rejeter tout de suite le mensonge. Ce qui est faux répugne, et se reconnaît à une simple vue.

« Eh bien! il s'élève constamment un flot sans cesse renaissant d'objections contre la vraie religion, soit. D'où vient qu'on n'en fait aucune contre les fausses? C'est que sans hésiter tout le monde les croit fausses.

« Jamais le paganisme fut-il accepté comme la vérité absolue par les sages de la Grèce, par Pythagore, ou par Socrate, par Platon, par Anaxagore ou par Périclès?

« Ces grands hommes se récréaient avec les récits du bon Homère, comme avec les riantes imaginations de la fable, mais ils ne les adoraient pas.

« Au contraire, les plus grands esprits, depuis l'apparition du christianisme, ont eu la foi, et une foi vive, une foi pratique aux mystères et aux dogmes de l'Evangile, non-seulement Bossuet et Fénelon, dont c'était l'état de le prêcher, mais Descartes et Newton, Leibnitz et Pascal, Corneille et Racine, Charlemagne et Louis XIV. D'où vient cette singularité, qu'un symbole aussi mystérieux et obscur que le symbole des apôtres, ait été reçu avec un profond respect par nos plus grands hommes, tandis que des théogonies puisées dans les lois de la nature et qui n'étaient, à vrai dire, que des explications systématiques du monde, n'ont pu parvenir à en im-

poser à aucun homme instruit? Qui a plus médit
de l'Olympe païen que les païens?

« La raison en est bien naturelle ; derrière le
voile de la mythologie, un sage aperçoit tout de suite
la marche et les lois des sociétés naissantes, les illusions et les passions du cœur humain, les symboles
et l'orgueil de la science.

« La mythologie est la religion de la fantaisie. Les
poètes, en déifiant leurs rêves, suivirent la pente naturelle à notre esprit, qui exagère sa puissance, jusqu'à s'adorer lui-même, parce qu'il ignore ses limites.

« Ici, tout est humain, tout crie en quelque sorte :
« Je suis l'œuvre de la créature. » Cela saute aux
yeux, tout est imparfait, incertain, incomplet, les
contradictions fourmillent. Tout ce merveilleux de
la fable amuse l'imagination, mais ne satisfait pas la
raison.

« Ce n'est point avec des métaphores ni avec de la
poésie qu'on explique Dieu, qu'on parle de l'origine
du monde et qu'on révèle les lois de l'intelligence.

« Le paganisme est l'œuvre de l'homme. On peut
lire ici notre imbécilité et notre cachet qui sont écrits
partout.

« Que savent-ils de plus que les autres mortels, ces
dieux si vantés, ces législateurs grecs ou romains :
ces Numa, ces Lycurgue, ces prêtres de l'Inde et de
Memphis, ces Confucius, ces Mahomet? Rien absolument.

« Ils ont fait un vrai chaos de la morale ; mais en
est-il un seul d'entre eux qui ait dit rien de neuf

relativement à notre destinée à venir, à notre âme
à l'essence de Dieu et à la création ? Les théosophes
ne nous ont rien appris de ce qu'il nous importe de
savoir, et nous ne tenons d'eux aucune vérité essentielle. La question religieuse n'est pas même entamée
par eux, tant leur théogonie est embrouillée, con-
fuse, obscure.

« Il est une vérité primitive qui remonte au
berceau de l'homme, qu'on retrouve chez tous les
peuples, écrite par le doigt de Dieu dans notre âme :
la loi naturelle, d'où dérive le devoir, la justice,
l'existence de Dieu, la connaissance de ce que c'est
que l'homme composé d'un esprit et d'un corps.

« Une seule religion accepte pleinement la loi naturelle, une seule s'en approprie les principes, une
seule en fait l'objet d'un enseignement perpétuel et
public. Quelle est cette religion ? le Christianisme.

« La loi naturelle chez les païens, au contraire,
était méconnue, défigurée, modifiée par l'égoïsme et
dépendante de la politique. On la tolérait, mais on
n'en connaissait pas le caractère sacré. Cette loi n'a-
vait ni temple, ni prêtres, sans autre asile que le
langage, où Dieu la conservait par une sagesse de sa
providence.

« La mythologie est un temple consacré à la force,
aux héros, à la science, aux bienfaits de la nature.
Les sages n'y ont pas de place ; en effet, les sages sont
les ennemis naturels de cette idolâtrie qui divinise
la matière.

« Aussi, pénétrez dans les sanctuaires, vous n'y

trouvez ni ordre, ni harmonie, mais un vrai chaos, mille contradictions, la guerre entre les dieux, l'immobilité de la sculpture, la division et le déchirement de l'unité, le morcellement des attributs divins, altérés ou niés dans leur essence, les sophismes de l'ignorance et de la présomption, des fêtes profanes, le triomphe de la débauche, l'impureté et l'abomination adorées, toutes les sortes de corruption gisant parmi d'épaisses ténèbres avec un bois pourri, l'idole et son prêtre. Est-ce là ce qui glorifie Dieu, ou ce qui le déshonore ?

« Sont-ce là des religions et des dieux à comparer au Christianisme ?

» Pour moi, je dis non. J'appelle l'Olympe entier à mon tribunal. Je juge les dieux, bien loin de me prosterner devant de vains simulacres. Les dieux, les législateurs de l'Inde ou de la Chine, de Rome et d'Athènes, n'ont rien qui m'impose. Non pas que je sois injuste à leur égard ! non, je les apprécie, parce que j'en sais la valeur. Sans doute les princes dont l'existence se fixa dans la mémoire, comme une image de l'ordre et de la puissance, comme un idéal de la force et de la beauté, ne furent point des hommes ordinaires.

« Mais il faut aussi calculer dans ces résultats l'ignorance de ces premiers âges du monde. Cette ignorance fut grande, puisque les vices furent divinisés avec les vertus, tant l'imagination joua le rôle principal, dans cette séduction curieuse! Ainsi la violence, la richesse, tous les signes et l'orgueil de la puissance, l'amour du plaisir, la volupté sans frein, l'abus de la force, sont les traits saillants de la biographie des dieux, tels que la fable et les poètes les présentent, et nous en font un naïf récit.

« Je ne vois dans Lycurgue, Numa, Confucius et Mahomet, que des législateurs qui, ayant le premier rôle dans l'Etat, ont cherché la meilleure solution du problème social ; mais je ne vois rien là qui décèle la divinité ; eux-mêmes n'ont pas élevé leurs prétentions si haut.

« Il est évident que la postérité seule a divinisé les premiers despotes, les héros, les princes des nations et les instituteurs des premières républiques. Pour moi je reconnais les dieux et ses grands hommes pour des êtres de la même nature que moi. Leur intelligence, après tout, ne se distingue de la mienne que d'une certaine façon. Il ont primé, rempli un grand rôle dans leur temps, comme j'ai fait moi-même. Rien chez eux n'annonce des êtres divins ; au contraire, je vois de nombreux rapports entre eux et moi, je constate des ressemblances, des faiblesses et des erreurs communes qui les rapprochent de moi et de l'humanité. Leurs facultés sont celles que je possède moi-même ; il n'y a de différence que dans l'usage que nous en avons fait, eux et moi, selon le but différent que nous nous sommes proposé, et selon le pays et les circonstances...

« Il n'en est pas de même du Christ. Tout de lui m'étonne ; son esprit me dépasse et sa volonté me confond. Entre lui et quoi que ce soit au monde, il n'y a pas de terme possible de comparaison. Il est vraiment un être à part; ses idées et ses sentiments, la vérité qu'il annonce, sa manière de convaincre, ne s'expliquent ni par l'organisation humaine, ni par la nature des choses.

« Sa naissance et l'histoire de sa vie, la profondeur de son dogme qui atteint vraiment la cime des difficultés, et qui en est la plus admirable solution; son Évangile, la singularité de cet être mystérieux, son apparition, son empire, sa marche à travers les siècles et les royaumes, tout est pour moi un prodige, je ne sais quel mystère insondable... qui me plonge dans une rêverie dont je ne puis sortir, mystère qui est là sous mes yeux, mystère permanent que je ne peux nier, et que je ne puis expliquer non plus.

« Ici je ne vois rien de l'homme.

« Plus j'approche, plus j'examine de près; tout est au-dessus de moi, tout demeure grand d'une grandeur qui écrase, et j'ai beau réfléchir, je ne me rends compte de rien...

« Sa religion est un secret à lui seul et provient d'une intelligence qui, certainement, n'est pas l'intelligence de l'homme. Il y a là une originalité profonde qui crée une série de mots et de maximes inconnues. Jésus n'emprunte rien à aucune de nos sciences. On ne trouve absolument qu'en lui seul l'imitation ou l'exemple de sa vie. Ce n'est pas non plus un philosophe, puisqu'il procède par des miracles, et dès le commencement ses disciples sont ses adorateurs. Il les persuade bien plus par un appel

au sentiment, que par un déploiement fastueux de
méthode et de logique ; aussi ne leur impose-t-il ni
des études préliminaires, ni la connaissance des lettres. Toute sa religion consiste à croire.

« En effet, les sciences et la philosophie ne servent de rien pour le salut, et Jésus ne vient dans le
monde que pour révéler les secrets du Ciel et les
lois de l'esprit.

— Aussi n'a-t-il affaire qu'à l'âme, il ne s'entretient
qu'avec elle, et c'est à elle seule qu'il apporte són
Evangile.

« L'âme lui suffit comme il suffit à l'âme. Jusqu'à
lui, l'âme n'était rien ; la matière et le temps étaient
les maîtres du monde. A sa voix, tout est rentré dans
l'ordre. La science et la philosophie ne sont plus
qu'un travail secondaire. L'âme a reconquis sa souveraineté. Tout l'échafaudage scolastique tombe
comme un édifice ruiné par un seul mot : LA
FOI.

« Quel maître, quelle parole qui opère une telle révolution ! Avec quelle autorité il enseigne aux hommes
la prière, il impose ses croyances ! et nul ici ne peut
contredire, d'abord parce que l'Evangile renferme la morale la plus pure, et ensuite parce que le dogme, dans
ce qu'il contient d'obscur, n'est autre chose que la pro-
clamation et la vérité de ce qui existe, là où nul œil ne
peut voir, et où nul raisonnement ne peut atteindre.

« Quel est l'insensé qui dira : *Non*, au voyageur
intrépide qui raconte les merveilles des pics glacés,
que lui seul a eu l'audace de visiter ?

« Le Christ est ce hardi voyageur. On peut demeurer incrédule, sans doute ; mais on ne peut pas dire : *Cela n'est pas.*

« D'ailleurs, consultez les philosophes sur ces questions mystérieuses qui sont l'essence de l'homme et aussi l'essence de la religion ; quelle est leur réponse, quel est l'homme de bon sens qui a jamais rien compris aux systèmes de la métaphysique ancienne ou moderne, qui ne sont vraiment qu'une vaine et pompeuse idéologie, sans aucun rapport avec notre vie domestique, avec nos passions ? Sans doute, à force de réfléchir, on parvient à saisir la clé de la philosophie de Socrate et de Platon ; mais il faut être métaphysicien, et il faut, de plus, avec des années d'étude, une aptitude spéciale. Mais le bon sens tout seul, le cœur, un esprit droit suffisent pour comprendre le Christianisme.

« La religion chrétienne n'est pas de l'idéologie ni de la métaphysique, mais une règle pratique qui dirige les actions de l'homme, qui le corrige, le conseille et l'assiste dans toute sa conduite. La Bible offre une série complète de faits et d'hommes historiques, pour expliquer le temps et l'éternité, telle qu'aucune autre religion n'est à même d'en offrir ; si ce n'est pas la vraie religion, on est excusable de s'y tromper, car tout cela est grand et digne de Dieu.

« Je cherche en vain dans l'histoire pour y trouver le semblable de Jésus-Christ, ou quoi que ce soit qui approche de l'Evangile. Ni l'histoire, ni l'humanité, ni les siècles, ni la nature ne m'offrent rien

avec quoi je puisse le comparer ou l'expliquer. Ici
tout est extraordinaire, plus je le considère, plus je
m'assure qu'il n'y a rien là qui ne soit en dehors de
la marche des choses et au-dessus de l'esprit humain.

« Les impies eux-mêmes n'ont jamais osé nier la
sublimité de l'Evangile qui leur inspire une sorte de
vénération forcée! Quel bonheur ce livre procure à
ceux qui y croient! Que de merveilles y admirent
ceux qui l'ont médité !

« Tous les mots y sont scellés et solidaires l'un de
l'autre, comme les pierres d'un même édifice. L'esprit qui lie les mots entre eux est un ciment divin
qui tour à tour en découvre le sens ou le cache à
l'esprit. Chaque phrase a un sens complet, qui re-
trace la perfection de l'unité et la profondeur de
l'ensemble; livre unique où l'esprit trouve une
beauté morale inconnue jusque-là et une idée de
l'infini supérieure à celle même que suggère la création? Quel autre que Dieu pouvait produire ce type,
cet idéal de perfection, également exclusif et original, où personne ne peut ni critiquer ni ajouter, ni
retrancher un seul mot, livre différent de tout ce
qui existe, absolument neuf, sans rien qui le précède
et sans rien qui le suive.

« Vous parlez de Confucius, de Zoroastre, de Numa,
de Jupiter et de Mahomet; mais il y a entre eux et
le Christ cette différence que, de même que tout ce
qu'il a fait est d'un Dieu, il n'est rien chez eux au contraire qui ne soit d'un homme. L'action de ces mortels fut bornée à leur vie, et ce fut de leur vivant

6

qu'ils établirent leur culte à l'aide des passions, avec la force, et à la faveur des événements politiques.

« Le Christ attend tout de sa mort : est-ce là l'invention d'un homme ? Non, c'est au contraire une marche étrange, une confiance surhumaine, une réalité inexplicable. N'ayant encore que quelques disciples grossiers, le Christ est condamné à mort; il meurt objet de la colère des prêtres juifs, et du mépris de sa nation, abandonné et contredit par les siens. Et comment pouvait-il en être autrement de celui qui avait annoncé par avance ce qui allait lui arriver :

« On va me prendre, on me crucifiera (disait-il), je
« serai abandonné de tout le monde, mon premier
« disciple me reniera au commencement de mon sup-
« plice, je laisserai faire les méchants; mais ensuite
« la justice divine étant satisfaite, le péché originel
« étant expié par mon supplice, le lien de l'homme
« avec Dieu sera renoué, et ma mort sera la vie de
« mes disciples : alors ils seront plus forts sans moi
« qu'avec moi; car ils me verront ressuscité : je
« monterai au Ciel, et je leur enverrai du Ciel un
« esprit qui les instruira : l'esprit de la Croix leur
« fera concevoir mon Évangile; enfin, ils y croiront,
« ils le prêcheront, ils le persuaderont à l'univers
« tout entier. »

« Et cette folle promesse, si bien appelée par saint Paul *la folie de la croix*, cette prédiction d'un misérable crucifié s'est accomplie littéralement... Et le mode de l'accomplissement est peut-être plus prodigieux que la promesse.

« Ce n'est ni un jour, ni une bataille qui en ont décidé ; est-ce la vie d'un homme ? Non. C'est une guerre, un long combat de trois cents ans, commencé par les apôtres et entretenu par leurs successeurs, et par le flot successif des générations chrétiennes. Depuis saint Pierre, les 32 évêques de Rome qui ont succédé immédiatement à sa primauté, ont été comme lui matyrisés. Ainsi, trois siècles durant, la *chaire* romaine fut un échafaud, qui procurait infailliblement la mort à celui qui y était appelé. Et rarement les autres évêques, pendant cette période de trois cents ans, eurent une destinée meilleure.

« Dans cette guerre, tous les rois et toutes les forces de la terre se trouvent d'un côté, et de l'autre je ne vois pas d'armée, mais une énergie mystérieuse, quelques hommes disséminés çà et là dans toutes les parties du globe, n'ayant d'autre signe de ralliement qu'une foi commune dans le mystère de la Croix.

« Quel étrange symbole ! l'instrument du supplice de l'Homme-Dieu, ses disciples en sont armés ; ils portent la croix dans l'univers avec leur conviction, flamme ardente qui se propage de proche en proche :
« Le Christ, Dieu, disent-ils, est mort pour le salut
« des hommes. » Quelle lutte, quelle tempête, soulèvent ces simples paroles autour de l'humble étendard du supplice de l'Homme-Dieu !

« Que de sang versé des deux parts : quel acharnement ! Mais ici, la colère et toutes les fureurs de la haine et de la violence ; là, la douceur, le courage moral, une résignation infinie. Pendant trois cents ans, la pensée lutte contre la brutalité des sensations, la conscience contre le despotisme, l'âme contre le corps, la vertu contre tous les vices. Le sang des chrétiens coule à flots. Ils meurent en baisant la main de celui qui les tue. L'âme seule proteste, pendant que le corps se livre à toutes les tortures. Partout les chrétiens succombent, et partout ce sont eux qui triomphent.

« Vous parlez de César et d'Alexandre, de leurs conquêtes, et de l'enthousiasme qu'ils surent allumer dans le cœur du soldat pour l'entraîner avec eux dans des expéditions aventureuses ; mais il faut voir là le prix de l'amour du soldat, l'ascendant du génie et de la victoire, l'effet naturel de la discipline militaire, et le résultat d'un commandement habile et légitime. Mais combien d'années l'empire de César a-t-il duré ? Combien de temps l'enthousiasme des soldats pour Alexandre s'est-il soutenu ? Ils ont joui de ces hommages un jour, une heure, le temps de leur commandement et au plus de leur vie, selon les caprices du nombre et du hasard, selon les calculs de la stratégie, enfin selon les chances de la guerre... Et, si la victoire infidèle les eût quittés, doutez-vous que l'enthousiasme n'eût aussitôt cessé ? Je vous le demande, l'influence militaire de César et d'Alexandre a-t-elle fini avec leur vie ? s'est-elle prolongée au-delà du tombeau ?

« Concevez-vous un mort, faisant des conquêtes avec une armée fidèle et toute dévouée à sa mémoire.

Concevez-vous un fantôme qui a des soldats sans solde, sans espérance pour ce monde-ci, et qui leur inspire la persévérance et le support de tous les genres de privations ; hélas ! le corps de Turenne était encore tout chaud, que son armée décampait devant Montécuculli. Et moi, mes armées m'oublient tout vivant, comme l'armée carthaginoise fit d'Annibal. Voilà notre pouvoir à nous autres grands hommes ! une seule bataille perdue nous abat, et l'adversité nous enlève nos amis. Que de Judas j'ai vus autour de moi ! Ah ! si je n'ai pu persuader ces grands politiques, ces généraux qui m'ont trahi, s'ils ont méconnu mon nom et nié les miracles d'un amour vrai de la patrie et de la fidélité quand même... à leur souverain... si moi, qui les avais si souvent menés à la victoire, je n'ai pu, vivant, réchauffer ces cœurs égoïstes, par où donc, étant glacé par la mort, parviendrais-je à entretenir, à réveiller leur zèle !

« Concevez-vous César, Empereur éternel du Sénat romain, et du fond de son mausolée, gouvernant l'Empire, veillant sur les destins de Rome ; telle est l'histoire de l'envahissement et de la conquête du monde par le Christianisme ; voilà le pouvoir du Dieu des chrétiens et le perpétuel miracle du progrès de la foi et du gouvernement de son Eglise. Les peuples passent, les trônes croulent, et l'Eglise demeure ! Quelle est donc la force qui fait tenir debout cette Eglise assaillie par l'océan furieux de la colère et du mépris du siècle ? Quel est le bras, depuis dix-huit cents ans, qui l'a préservée de tant d'orages qui ont menacé de l'engloutir ;

« Dans toute autre existence que celle du Christ, que d'imperfections, que de vicissitudes ! Quelle est le caractère qui ne fléchisse, abattu par de certains obstacles? quel est l'individu qui ne soit modifié par les événements ou par les lieux, qui ne subisse l'influence du temps, et qui ne transige avec les mœurs et les passions, avec quelque nécessité qui le surmonte ?

« Je défie de citer aucune existence, comme celle du Christ, exempte de la moindre altération de ce genre, qui soit pure de ces souillures et de ces vicissitudes.

« Depuis le premier jour jusqu'au dernier, il est le même, toujours le même, majestueux et simple, infiniment sévère et infiniment doux. Dans un commerce de la vie, pour ainsi dire public, Jésus ne donne jamais de prise à la moindre critique; sa conduite, si prudente, ravit l'admiration par un mélange de force et de douceur. Qu'il parle ou qu'il agisse, Jésus est lumineux, immuable, impassible. Le sublime, dit-on, est un trait de la Divinité : quel nom donner à celui qui réunit en lui tous les traits du sublime?

« Le mahométisme, les cérémonies de Numa, les institutions de Lycurgue, le polythéisme et la loi mosaïque même sont bien plus des œuvres de législation que des religions.

« En effet, chacun de ces cultes se rapporte plus à la terre qu'au ciel. Il s'agit là surtout d'un peuple et des intérêts d'une nation. Et n'est-il pas évident que la vraie religion ne saurait être circonscrite à un seul pays ? La vérité doit embrasser l'univers. Tel est le Christianisme, la seule religion qui détruise la nationalité, la seule qui proclame l'unité et la fraternité absolue de l'espèce humaine, la seule qui soit purement spirituelle, enfin la seule qui assigne à tous, sans distinction, pour vraie patrie, le sein d'un Dieu créateur.

« Le Christ prouve qu'il est le Fils de l'Eternel, par son mépris du temps ; tous ses dogmes signifient une seule et même chose : « l'éternité. »

« Aussi, comme l'horizon de son empire s'étend, et se prolonge infiniment ! Le Christ règne par delà la vie et par delà la mort ! le passé et l'avenir sont également à lui ; le royaume de la vérité n'a et ne peut avoir en effet d'autre limite que le mensonge. Tel est le royaume de l'Evangile, qui embrasse tous les lieux et tous les peuples. Jésus s'est emparé du genre humain : il en a fait une seule nation, la nation des honnêtes gens, qu'il appelle à une vie parfaite. Les ennemis du Christ relèvent de lui comme ses amis par le jugement qu'il exercera sur tous, au dernier jour.

« Mahomet sans doute proclame l'unité de Dieu : cette vérité est l'essence et le dogme principal de sa religion. Je le reconnais ; mais tout le monde sait qu'il ne l'affirme que d'après Moïse et la tradition juive. L'esprit de Mahomet ou plutôt son imagination a fait tous les frais de tous les autres dogmes de l'Alcoran, livre plein de confusion et d'obscurité, d'un novateur passionné qui se tourmente pour résoudre avec le génie des questions qui sont plus hautes que le génie ; et il n'aboutit vraiment qu'à des turpitudes ! Tant il est vrai qu'il n'est donné à personne, même à un grand homme, de rien dire de satisfaisant sur Dieu, le paradis et la vie future, si Dieu ne l'en instruit lui-même préalablement !

« Aussi Mahomet n'est vrai qu'autant qu'il s'appuie sur la Bible et sur le sentiment inné de la croyance en Dieu.

« Pour tout le reste, l'Alcoran n'est vraiment qu'un système hardi de domination et d'envahissement politique.

« Partout l'homme ambitieux se montre à découvert dans Mahomet. Vil flatteur de toutes les passions les plus chères au cœur de l'homme, comme il caresse la chair ! quelle large part il fait à la sensualité !

« Est-ce vers la vérité de Dieu qu'il veut entraîner l'Arabe, ou vers la séduction de toutes les jouissances permises dans cette vie, et promises comme l'espoir et la récompense de l'autre ?

« Il fallait enlever un peuple ; l'appel aux passions fut nécessaire, à la bonne heure ! il a réussi : mais la cause de son triomphe sera la cause de sa ruine. Tôt ou tard le croissant disparaîtra de la scène du monde, et la croix y demeurera !

« Le sensualisme tue en définitive les nations, aussi bien que les individus, qui ont la folie d'en faire la base de leur existence !

« De plus, ce faux prophète s'adresse à une seule nation, et il a senti le besoin de jouer deux rôles, le rôle politique et le rôle religieux. Il a effectivement conquis et il possède toute la puissance du premier. Pour le second, s'il en a eu le prestige, il n'en a pas eu la réalité. Jamais il n'a donné de preuves de la divinité de sa mission. Une ou deux fois, il veut s'étayer d'un miracle, et il échoue honteusement. Personne ne croit à ses miracles, parce que Mahomet n'y croyait pas lui-même ; ce qui prouve qu'il n'est pas aussi aisé qu'on se l'imagine d'en imposer sous ce rapport.

« Si le titre d'imposteur s'accole facilement au nom de Mahomet, il répugne tellement avec celui du Christ, que je ne crois pas qu'aucun ennemi du Christianisme ait jamais osé l'en flétrir !

« Et cependant il n'y a pas de milieu, le Christ est un imposteur ou il est Dieu.

« Le Christ n'a point d'ambition terrestre, il est exclusivement à sa mission céleste. Il lui était facile d'exercer une grande séduction, et d'avoir de la puissance, en devenant un homme politique. Tout s'y prêtait et allait au-devant de lui, s'il l'eût voulu.

« Les Juifs attendaient un messie temporel, qui devrait subjuguer leurs ennemis ; un roi dont le sceptre rangerait le monde entier sous leur domination. Certes, il y avait là une tentation difficile à surmonter, et l'élément naturel d'une grande usurpation. Jésus est le premier qui ose attaquer publiquement l'interprétation erronée des Écritures. Il s'attache à démontrer que ces victoires et ces conquêtes du Christ sont des victoires spirituelles, qu'il s'agit de la répression des vices, de l'assujettissement des passions, et de l'envahissement pacifique des âmes; et, si les Ecritures annoncent la soumission éclatante de l'univers, cette soumission absolue regarde le second avénement qui arrivera à la fin du monde.

« Jésus prend un soin tout particulier d'inculquer cette explication toute spirituelle à ses disciples. On veut, dans plusieurs occasions, se saisir de lui pour le faire roi; il écarte de son front la couronne, il n'en veut pas : il en veut une autre, que la Vierge, sa mère, lui a préparée; il la ceindra le **jour** de son grand sacrifice.

Jésus ne pactise pas davantage avec les autres faiblesses humaines. Les sens, ces tyrans de l'homme, sont traités par lui en esclaves faits pour obéir et non pour commander. Les vices sont les objets de sa haine implacable. Il mortifie les passions, qui sont l'élément naturel des grands succès. Il parle en maître à la nature humaine dégradée, en maître courroucé qui exige une expiation. Sa parole, tout austère qu'elle est, s'insinue dans l'âme comme un air subtil et pur; la conscience en est pénétrée et silencieusement persuadée.

« Jésus met de côté la politique, qui est chose superflue pour de vrais chrétiens qui adorent le dogme de la fraternité divine.

« Certes, voilà un homme, voilà un pontife à part et une religion qui se sépare vraiment de toutes les autres religions; et celui-là est un menteur, qui dit qu'il y a nulle part quelque chose qui ressemble à cela.

« Il est vrai que le Christ propose à notre foi une série de mystères. Il commande avec autorité d'y croire sans donner d'autre raison, que cette parole épouvantable : *Je suis Dieu.*

« Il le déclare ! quel abime il creuse par cette déclaration entre lui et tous les faiseurs de religion ! Quelle audace, quel sacrilège, quel blasphème, si ce n'était vrai ! Je dis plus : le triomphe universel d'une affirmation de ce genre, si ce triomphe n'était bien réellement celui de Dieu même, serait une excuse plausible, et la preuve de l'athéisme.

« D'ailleurs, en proposant des mystères, le Christ est conséquent avec la nature des choses qui est profondément mystérieuse. D'où viens-je, où vais-je, que suis-je ? La vie humaine est un mystère dans son origine, dans son organisation et dans sa fin. Dans l'homme et hors de l'homme, dans la nature, tout est mystère, et l'on voudrait que la religion ne fût pas mystérieuse ? La création et la destinée du monde sont un abime impénétrable, aussi bien que la destinée et la création d'un seul individu. Le Christianisme, du moins, n'élude pas ces grandes questions : il les attaque en face, et nos dogmes en sont une solution pour celui qui croit. Les païens ne niaient pas que la nature des choses ne fût mystérieuse ; chez eux, le mystère était partout : ils en avaient de toutes les sortes, mystères d'Isis, mystères des bacchanales, mystères de sagesse et d'infamie. C'est ici qu'à bon droit l'on peut se révolter de la nuit impure et profonde qui enveloppe le sanctuaire.

« Quel amalgame hétérogène de principes contradictoires que la théogonie chaldéenne, grecque et égyptienne! quel océan d'idées mal digérées, unies, sans liaison, sans hiérarchie! quel mélange du sublime et de l'absurde! du sacré et du profane! Ce qui est le moins obscur se rapporte évidemment à l'origine des sociétés, à leur histoire, et surtout à celle des premiers princes, tandis que le dogme rappelle les mêmes croyances ou plutôt les mêmes erreurs d'une tradition perdue! Et le sanctuaire païen est vraiment le réceptacle ténébreux des lueurs fausses des sens, le rendez-vous impur des mille bizarreries de l'imagination et l'asile consacré de toutes les folies du cœur, et de toutes les aberrations des siècles.

« De tels temples, de tels prêtres, peuvent-ils être les temples et les prêtres de la vérité? Qui oserait le soutenir? Non, jamais les païens eux-mêmes ne l'ont cru sérieusement.

« Le Christianisme seul a affiché dès sa naissance cette prétention, et seul il en a le droit, parce que son dogme est conséquent et d'accord avec cette prétention. Le polythéisme en eut le pressentiment, quand il attaqua le Christianisme avec tant de fureur. La voix du Christianisme fut entendue comme un cri puissant de la science, qui venait réveiller la conscience. Aussitôt l'idolâtrie se sentit attaquée dans sa base, et, n'ayant rien à opposer à l'attaque de ce cri généreux, l'idolâtrie, menacée dans son existence, répondit par un cri de rage. Cette rage n'était pas de la conviction, mais le désespoir de ceux qui allaient cesser de vivre, parce que leur vie était liée à celle de leur idole.

« Telle est la faiblesse du mensonge, qui de soi n'a rien de fixe. Comment sur la tige mouvante de l'erreur germerait-il une croyance, une conviction ? Non, les païens ne croyaient pas au paganisme ; et de nos jours un hérétique n'a et ne peut avoir qu'une fausse confiance dans les erreurs qui le séparent du catholique : mais il croit en toute assurance les articles communs aux deux communions ; et c'est la croyance commune qui explique la durée des hérésies. On ne peut expliquer le succès de Luther et de Calvin que par les passions des hommes, et par le secours qu'ils reçurent de la politique des princes et des grands qui se servirent de l'hérésie, comme d'une arme, contre le pouvoir royal et contre l'autorité ecclésiastique. Mais comment un homme de bon sens peut-il demeurer protestant dans ces temps-ci ? Aussi le protestantisme existe plutôt par ses conquêtes passées que par sa force présente.

« Quelle est la religion qui soit absolue, qui éclaire, dirige et tranquillise la conscience comme la foi chrétienne ? Les fausses religions laissent l'esprit, comme un vaisseau sans pilote, errer à l'aventure. Le protestantisme lui-même montre bien sa triste origine par l'abandon qu'il fait du gouvernement de l'âme.

« Et je conçois que Luther et Calvin aient eu peur

de ce fardeau. Oui, je conçois qu'un homme recule toujours devant la direction des consciences. Dieu seul a pu s'en saisir comme d'un sceptre qui lui appartient à lui seul !

« Toutes les religions, hormis la religion chrétienne, rejettent l'âme dans le commerce de la vie commune.

« Confucius propose aux Chinois l'agriculture, Lycurgue et Numa crurent contenir leurs concitoyens par le sage équilibre des lois et par l'harmonie d'une société bien réglée. Mahomet poussa ses disciples à la conquête du monde par le sabre. Tous précipitèrent l'homme vers les choses extérieures. A la bonne heure ! Mais quel rapport existe-t-il entre cette activité et le sentiment religieux ? Je vois là des citoyens, une nation, un législateur, un conquérant, mais nulle part un pontife.

« Et quel autre que Dieu pouvait affirmer, avec cette certitude absolue, capable de tranquilliser la conscience, des vérités telles que l'existence de Dieu, l'immortalité de l'âme, la croyance à l'enfer, au paradis, ces dogmes enfin qui sont les prémisses et la base de toutes les religions ; quand le Christ les énonce comme l'essence de sa doctrine, il le fait avec tout ce qu'il y a d'imposant et d'absolu dans son caractère de *fils de Dieu.*

« Sans doute il faut la foi pour cet article-là, qui est celui duquel dérivent tous les autres articles. Mais, le caractère de la divinité du Christ une fois admis, la doctrine chrétienne se présente avec la pré-

cision et la clarté de l'algèbre ; il faut y admirer l'enchaînement et l'unité d'une science.

« Appuyée sur la Bible , cette doctrine explique le
mieux les traditions du monde ; elle les éclaircit , et
les autres dogmes s'y rapportent étroitement comme
les anneaux scellés d'une même chaîne. L'existence
du Christ, d'un bout à l'autre, est un tissu tout mystérieux , j'en conviens ; mais ce mystère **répond** à des
difficultés qui sont dans toutes les existences ; re-
jetez-le, le monde est une énigme : acceptez-le, vous
avez une admirable solution de l'histoire de l'homme.

« Le Christianisme a un avantage sur tous les philosophes et sur toutes les religions : les chrétiens ne
se font pas illusion sur la nature des choses. On ne
peut leur reprocher ni la subtilité, ni le charlatanisme
des idéologues, qui ont cru résoudre la grande
énigme des questions théologiques avec de vaines
dissertations sur ces grands objets. Insensés, dont la
folie ressemble à celle d'un petit enfant qui veut
toucher le ciel avec sa main, ou qui demande la lune
pour son jouet ou sa curiosité. Le Christianisme dit
avec simplicité : « Nul homme n'a vu Dieu , si ce
« n'est Dieu. Dieu a révélé ce qu'il était. Sa révéla-
« tion est un mystère que la raison ni l'esprit ne
« peuvent concevoir ; mais puisque Dieu a parlé, il
« faut y croire. » Cela est d'un grand bon sens.

« L'Évangile possède une vertu secrète, je ne sais
quoi d'efficace, une chaleur qui agit sur l'entende-
ment et qui charme le cœur ; on éprouve à le médi-
ter ce qu'on éprouve à contempler le ciel. L'Évangile

n'est pas un livre, c'est un être vivant, avec une action, une puissance, qui envahit tout ce qui s'oppose
à son extension. Le voici sur cette table ce livre par
excellence (et ici l'Empereur le toucha avec respect),
je ne me lasse pas de le lire, et tous les jours avec
le même plaisir.

« Le Christ ne varie pas, il n'hésite jamais dans
son enseignement, et la moindre affirmation de lui
est marquée d'un cachet de simplicité et de profondeur qui captivent l'ignorant et le savant, pour peu
qu'ils y prêtent leur attention.

« Nulle part on ne trouve cette série de belles
idées, de belles maximes morales, qui défilent comme
les bataillons de la milice céleste, et qui produisent
dans notre âme le même sentiment que l'on éprouve
à considérer l'étendue infinie du ciel resplendissant,
par une belle nuit d'été, de tout l'éclat des astres [1].

« Non-seulement notre esprit est préoccupé, mais
il est dominé par cette lecture, et jamais l'âme ne
court risque de s'égarer avec ce livre. Une fois maître
de notre esprit, l'Évangile fidèle nous aime, Dieu
même est notre ami, notre père et vraiment notre
Dieu. Une mère n'a pas plus soin de l'enfant qu'elle
allaite. L'âme séduite par la beauté de l'Évangile ne
s'appartient plus. Dieu s'en empare tout à fait, il en
dirige les pensées et toutes les facultés, elle est à lui.

« Quelle preuve de la divinité du Christ ! Avec un

---

[1] Rousseau a fait aussi quelque part un éloge de l'Evangile.
Mais qu'il est loin de cette éloquence !

empire aussi absolu, il n'a qu'un seul but, l'amélioration spirituelle des individus, la pureté de la conscience, l'union à ce qui est vrai, la sainteté de l'âme. Voilà vraiment une religion, et je reconnais là un pontife.

« Et ce qui ravit la conviction, ce sont tous les avantages et le bonheur qui résultent d'une telle croyance. L'homme qui croit est heureux ! Ah ! vous ignorez ce que c'est que croire ! croire, c'est voir Dieu, parce qu'on a les yeux fixés sur lui ! Heureux celui qui croit ! ne croit pas qui veut ! Telle est le Christianisme, qui satisfait complétement la raison de ceux qui en ont une fois admis le principe, qui s'explique lui-même par une révélation d'en haut, et qui explique ensuite naturellement mille difficultés, qui n'ont de solution possible que par la foi.

« Enfin, et c'est mon dernier argument, il n'y a pas de Dieu dans le ciel, si un homme a pu concevoir et exécuter, avec un plein succès, le dessein gigantesque de dérober pour lui le culte suprême, en usurpant le nom de Dieu. Jésus est le seul qui l'ait osé, il est le seul qui ait dit clairement, affirmé imperturbablement lui-même de lui-même : *Je suis Dieu.* Ce qui est bien différent de cette affirmation : *Je suis un Dieu*, ou de cette autre : *Il y a des dieux.* L'histoire ne mentionne aucun autre individu qui se soit qualifié lui-même de ce titre de Dieu dans le sens absolu. La fable n'établit nulle part que Jupiter et les autres dieux se soient eux-mêmes divinisés. C'eût été de leur part le comble de l'orgueil et une monstruosité, une extravagance absurde. C'est la postérité, ce sont les héritiers des premiers despotes qui les ont déifiés. Tous les hommes étant d'une même race, Alexandre a pu se dire le fils de Jupiter. Mais toute la Grèce a souri de cette supercherie ; et de même l'apothéose des empereurs romains n'a jamais été une chose sérieuse pour les Romains. Mahomet et Confucius se sont donnés simplement pour des agents de la Divinité. La déesse Égérie de Numa n'a jamais été que la personnification d'une inspiration puisée dans la solitude des bois. Les dieux Brahma de l'Inde sont une invention psychologique.

« Comment donc un juif, dont l'existence historique est plus avérée que toutes celles des temps où il a vécu, lui seul, fils d'un charpentier, se donne-t-il tout d'abord pour Dieu même, pour l'Etre par excellence, pour le créateur de tous les êtres? Il s'arroge toutes les sortes d'adorations. Il bâtit son culte de ses mains, non avec des pierres, mais avec des hommes. On s'extasie sur les conquêtes d'Alexandre : eh bien! voici un conquérant qui confisque à son profit, qui unit, qui incorpore à lui-même, non pas une nation, mais l'espèce humaine. Quel miracle! l'âme humaine, avec toutes ses facultés devient une annexe de l'existence du Christ.

« Et comment? Par un prodige qui surpasse tout prodige. Il veut l'amour des hommes, c'est-à-dire ce qui est le plus difficile au monde d'obtenir; ce qu'un sage demande vainement à quelques amis, un père à ses enfants, une épouse à son époux, un

frère à son frère ; en un mot, le cœur : c'est là ce
qu'il veut pour lui, il l'exige absolument, et il y
réussit tout de suite. J'en conclus sa divinité.
Alexandre, César, Annibal, Louis XIV, avec tout leur
génie, y ont échoué. Ils ont conquis le monde et
ils n'ont pu parvenir à avoir un ami. Je suis peut-être
le seul de nos jours qui aime Annibal, César,
Alexandre... Le grand Louis XIV, qui a jeté tant
d'éclat sur la France et dans le monde, n'avait pas
un ami dans tout son royaume, même dans sa famille.
Il est vrai, nous aimons nos enfants, pourquoi ? Nous
obéissons à un instinct de la nature, à une volonté
de Dieu, à une nécessité que les bêtes elles-mêmes
reconnaissent et remplissent ; mais combien d'enfants
qui restent insensibles à nos caresses, à tant de
soins que nous leur prodiguons, combien d'enfants
ingrats ! Vos enfants, général Bertrand, vous aiment-
ils ? Vous les aimez, et vous n'êtes pas sûr d'être payé
de retour... Ni vos bienfaits, ni la nature, ne réussi-
ront jamais à leur inspirer un amour tel que celui
des chrétiens pour Dieu ! Si vous veniez à mourir,
vos enfants se souviendraient de vous en dépensan
votre fortune, sans doute, mais vos petits-enfants
sauraient à peine si vous avez existé... Et vous êtes
le général Bertrand ! Et nous sommes dans une île
et vous n'avez d'autre distraction que la vue de votre
famille.

« Le Christ parle, et désormais les générations lui
appartiennent par des liens plus étroits, plus intimes
que ceux du sang, par une union plus sacrée, plus

impérieuse que quelque union que ce soit. Il allume
la flamme d'un amour qui fait mourir l'amour de
soi, qui prévaut sur tout autre amour.

« A ce miracle de sa volonté, comment ne pas reconnaître le Verbe créateur du monde ?

« Les fondateurs de religion n'ont pas même eu
l'idée de cet amour mystique, qui est l'essence d''
Christianisme, sous le beau nom de *charité*.

« C'est qu'ils n'avaient garde de se lancer contre
un écueil. C'est que, dans une opération semblable,
se faire aimer, l'homme porte en lui-même le sentiment profond de son impuissance.

« Aussi, le plus grand miracle du Christ, sans contredit, c'est le règne de la charité.

« Lui seul il est parvenu à élever le cœur des
hommes jusqu'à l'invisible, jusqu'au sacrifice du
temps ; lui seul, en créant cette immolation, a créé
un lien entre le ciel et la terre.

« Tous ceux qui croient sincèrement en lui res-
sentent cet amour admirable, surnaturel, supérieur :
phénomène inexplicable, impossible à la raison et
aux forces de l'homme ; feu sacré donné à la terre
par ce nouveau Prométhée, dont le temps, ce grand
destructeur, ne peut ni user la force ni limiter la
durée. Moi, Napoléon, c'est ce que j'admire davantage, parce que j'y ai pensé souvent, et c'est ce qui
me prouve absolument la divinité du Christ!!!

« J'ai passionné des multitudes qui mouraient pour
moi. A Dieu ne plaise que je forme aucune comparaison entre l'enthousiasme des soldats et la charité

chrétienne, qui sont aussi différents que leur cause ;
mais enfin il fallait ma présence, l'électricité de
mon regard, mon accent, une parole de moi ; alors,
j'allumais le feu sacré dans les cœurs... Certes, je
possède le secret de cette puissance magique qui enlève l'esprit, mais je ne saurais le communiquer à
personne ; aucun de mes généraux ne l'a reçu ou
deviné de moi ; je n'ai pas davantage le secret d'é-
terniser mon nom et mon amour dans les cœurs, et
d'y opérer des prodiges sans le secours de la matière.

« Maintenant que je suis à Sainte-Hélène....., maintenant que je suis seul cloué sur ce roc, qui bataille
et conquiert des empires pour moi ? Où sont les courtisans de mon infortune ? pense-t-on à moi ? qui se
remue pour moi en Europe ? qui m'est demeuré
fidèle ? où sont mes amis ? Oui, deux ou trois, que
votre fidélité immortalise, vous partagez, vous con-
solez mon exil. »

Ici, la voix de l'Empereur prit un accent particulier d'ironique mélancolie et de profonde tristesse :
« Oui, notre existence a brillé de tout l'éclat du dia-
dème et de la souveraineté ; et la vôtre, Montholon,
Bertrand, réfléchissait cet éclat comme le dôme des
Invalides, doré par nous, réfléchit les rayons du soleil...
Mais les revers sont venus, l'or peu à peu s'est effacé.
La pluie du malheur et des outrages, dont on m'a-
breuve chaque jour, en emporte les dernières par-
celles. Nous ne sommes plus que du plomb, Messieurs,
et bientôt moi je serai de la terre.

« Telle est la destinée des grands hommes, celle

de César et d'Alexandre, et l'on nous oublie! et le nom d'un conquérant comme celui d'un empereur n'est plus qu'un thème de collége! Nos exploits tombent sous la férule d'un pédant qui nous loue ou nous insulte!

« Que de jugements divers on se permet sur le grand Louis XIV! A peine mort, le grand roi lui-même fut laissé seul, dans l'isolement de sa chambre à coucher de Versailles... négligé par ses courtisans et peut-être l'objet de la risée. Ce n'était plus leur maître! C'était un cadavre, un cercueil, une fosse, et l'horreur d'une imminente décomposition.

« Encore un moment, voilà mon sort et ce qui va m'arriver à moi-même... Assassiné par l'oligarchie anglaise, je meurs avant le temps, et mon cadavre aussi va être rendu à la terre pour y devenir la pâture de vers.

« Voilà la destinée très-prochaine du grand Napoléon... Quel abîme entre ma misère profonde et le règne éternel du Christ, prêché, encensé, aimé, adoré, vivant dans tout l'univers !... Est-ce là mourir? n'est-ce pas plutôt vivre? Voilà la mort du Christ! voilà celle de Dieu! »

L'Empereur se tut, et, comme le général Bertrand gardait également le silence : « Si vous ne comprenez pas, reprit l'Empereur, que Jésus-Christ est Dieu, eh bien! j'ai eu tort de vous faire général!!! »

Et maintenant, n'est-il pas vrai, lecteur, après ce *torrent d'éloquence*, comme parle le père Lacordaire, il n'y a plus qu'à se taire, admirer et se recueillir?

CHAPITRE SIXIÈME

Napoléon pressent sa mort prochaine. — Son jugement sur l'Angleterre. — La comète de Napoléon et celle de César. — Besoin d'une obscurité profonde. — Examen et condamnation des doctrines de *Gall*, de *Cagliostro* et de *Mesmer*. — Napoléon et l'abbé Buonavita. — Ennuis et isolement de l'Empereur. — Dévouement et départ de l'abbé Buonavita. — Egards touchants de l'Empereur pour le bon abbé. — Nouvelle de la mort de la princesse Elisa.

L'instant fixé dans les décrets éternels pour la mort de Napoléon approchait. Les âmes vaines se repaissent de chimères et d'illusions ; il faut à l'âme de Napoléon la vérité, même celle de la mort... Depuis Moscou, cette vérité, ce spectre, ont sans cesse apparu à ses côtés comme le fantôme de Brutus murmurant le mot fatal : *C'est moi... bientôt tu me reverras !* Maintenant surtout, où va s'accomplir le destin du grand Napoléon, la mort est devenue sa compagne, le confident de ses longues veilles, le songe de son sommeil, l'âme de toutes ses pensées, le dernier mot de toutes ses conversations.

Comme il prophétisait sa mort avec ce stoïcisme d'un chrétien rassasié de la vie, voilà qu'une comète parut au-dessus de Sainte-Hélène ; Napoléon songea d'abord à celle de Jules César, et sembla croire que le ciel lui confirmait l'arrêt irrévocable de sa propre mort dans un délai très-prochain. Tout ce qui l'environnait le pressait d'aller voir ce phénomène ; mais instances inutiles ! un seul, le général Montholon gardait le silence. « Vous m'avez compris, vous, lui dit-il. »

Bientôt les symptômes de la dissolution du corps deviennent visibles pour tout le monde. L'Empereur perd l'appétit, il est livide, et ne présente presque plus que l'aspect d'un cadavre ; deux fois il veut monter en calèche, et il ne peut y parvenir : son effort l'épuise... Tous ses membres sont crispés par un froid glacial, il se couche avec des frissons ; il s'écrie : « Ah ! comme je souffre ! je le sens, ma mort ne peut être éloignée ! en quel état suis-je tombé ! j'étais si actif, si alerte ! à peine si je puis à présent soulever ma paupière, je ne suis plus Napoléon ! »

L'Empereur aimait à s'isoler dans l'obscurité ; c'était une habitude de sa jeunesse qu'il avait portée sur le trône ; cette habitude se fortifia à Sainte-Hélène, et pendant sa maladie devint un besoin à tel point qu'il ne voulait pas de lumière pour converser avec son médecin ou ceux qui veillaient, ou pour donner ses ordres ; souvent même il voulait que le service de sa chambre se fît dans l'obscurité...

Ce fut dans cette obscurité favorable au recueillement, que Napoléon puisa ces vues profondes, cette sensibilité, ce jugement, ce discernement, ces pensées fières et mâles, toutes ces fleurs variées si délicates et ces fruits exquis qu'on admire dans son langage et qui brillent dans ses actions. Je ne veux pas me détourner de mon but, qui est uniquement religieux ; cependant, je ne puis me refuser à faire encore une citation de quelques paroles qu'il prononça dans le mois qui précéda sa mort, et où l'on retrouve toute la profondeur, le sens et la sagacité de son génie:

On reçut d'Angleterre et de milady Holland un envoi de livres, dans lequel se trouvait une cassette renfermant un buste en plâtre, dont la tête était couverte de divisions, de chiffres qui se rapportaient au système crâniologique de Gall. L'Empereur dit à Antommarchi : « Voilà, docteur, qui est de votre ressort ; nous causerons de cela plus tard ; on s'amuse quelquefois à considérer jusqu'où peut aller la sottise. Lavater, Cagliostro, Mesmer, n'ont jamais été mon fait : j'éprouvais je ne sais quelle espèce d'aversion pour eux. Ce sont des gens qui donnent l'apparence du vrai aux théories les plus fausses. La nature ne se trahit pas par ses formes extérieures. Elle ne livre pas ainsi ses secrets. Vouloir saisir, pénétrer les hommes par des indices aussi légers, est d'une dupe ou d'un imposteur. Le seul moyen de connaître ses semblables est de les voir, de les hanter, de les soumettre à des épreuves. Il faut les étudier longtemps, si on ne veut pas se méprendre. Il faut les juger par leurs actions ; encore cette règle n'est-elle pas infail-

lible, et a-t-elle besoin de se restreindre au moment
où ils agissent. Car nous n'obéissons presque jamais à
notre caractère. Nous cédons au transport, nous sommes emportés par la passion. Telle est mon opinion ;
tel a été longtemps mon guide. Ce n'est pas que je
prétende exclure l'influence du naturel et de l'éducation ; je pense, au contraire, qu'elle est immense.
Mais hors de là, tout est système, tout est sottise. »

L'Empereur aurait voulu que le climat ne fût du
moins mortel qu'à lui seul ; n'était-ce point assez de
l'holocauste de sa vie ? Préoccupé d'un pressentiment
douloureux au sujet de la santé de l'abbé Buonavita,
qui, depuis qu'il avait mis le pied dans l'ile, était toujours souffrant, il avait pris le parti de lui commander de retourner en Europe. Le docteur Antommarchi,
témoin de cette séparation, a raconté combien elle fut
touchante : un fils obligé de quitter son père ne
montre ni plus de tendresse, ni plus de déférence que
l'Empereur : il assure au bon abbé une pension de
3,000 francs pour le reste de ses jours. Ah ! sans doute
il y avait dans ce départ, dans cette séparation, une
arrière-pensée qui brava les yeux d'Hudson Lowe et
du gouvernement anglais, la pensée d'un fils mourant
qui envoyait à sa mère, à ses frères et aux siens sa
dernière parole, son dernier baiser ; puisqu'il lui était
défendu de les déposer dans une lettre, ce fils auguste
les cachait dans le cœur d'un prêtre catholique.

Le bon abbé Buonavita, chargé des instructions de
l'Empereur, par obéissance, quitta seul Saint-Hélène ; ce départ fut un acte de résignation, un sacri-

fice héroïque, car c'était fuir la mort pour la trouver plus sûrement ; l'abbé Buonavita, plus que sexagénaire, à peine arrivé, à peine reposé de ses fatigues, se rembarque pour recommencer le voyage le plus pénible. O miracle d'un cœur chaste qui a Dieu avec soi et qui accomplit sans peine et comme naturellement ce qui est le plus opposé à la nature et ce qui est le plus parfait ! Mais pourquoi m'étendre davantage? pourquoi louer le bon abbé ? En faisant une action sublime, il a été prêtre et voilà tout ! Ah ! que l'Empereur comprit bien cette abnégation, ce dévouement admirable ! il est des larmes intérieures qui ne sont connues que de certaines âmes! ce sont celles qui inondèrent le cœur de Napoléon, quand il fit ses adieux au bon abbé ! Ecoutons Antommarchi nous raconter à son insu quelque chose de cette douleur impériale : L'Empereur me dit (à Antommarchi) : « Docteur, accompagnez ce bon vieillard à Jamestown ; rendez-lui tous les soins, donnez-lui tous les conseils qu'exige un si long trajet. » Quand je fus de retour : « Est-il embarqué demanda Napoléon. — Oui, Sire. — Commodément ? — Le navire paraît bon. — L'équipage? — Bien composé. — Tant mieux, je voudrais déjà savoir ce brave ecclésiastique à Rome, et quitte des accidents de la traversée. Sans doute le Pape lui fera bon accueil. *Sans moi, où en serait l'Eglise* [1] ?

---

[1] L'Empereur, sans doute, a raison de se glorifier que Dieu eût fait de lui son instrument; mais il se trompe s'il

Ce fut vers cette époque que l'Empereur apprit la mort de sa sœur, la princesse Elisa ; cette nouvelle ramène Napoléon à cette idée fixe de sa fin prochaine : « Je n'ai plus ni forces, ni activité, ni énergie. Je ne suis plus Napoléon, dit-il à son médecin : vous cherchez en vain à me rendre l'espérance, à rappeler la vie prête à s'éteindre ; vos soins ne peuvent rien contre la destinée ; elle est immuable. La première personne de notre famille qui doit suivre Elisa dans la tombe est ce grand Napoléon qui végète, qui plie sous le faix, et qui tient encore l'Europe en alarmes. »

L'anecdote suivante est racontée par Antommarchi. Un soir, l'Empereur s'était endormi pendant la lecture ; tout d'un coup il se réveille et demande de quoi il s'agit. « Sire, des prêtres, des embarras qu'ils vous ont suscités, de leurs intrigues. — L'auteur extravague ! s'écria l'Empereur ; les prêtres, je n'ai eu qu'à m'en louer, ce sont eux qui m'ont le mieux servi, et dont j'ai eu le moins à me plaindre. »

se croit absolument nécessaire. L'Eglise a-t-elle chancelé quand Napoléon retira sa main d'abord étendue pour la protéger ?

CHAPITRE SEPTIÈME

L'Empereur est averti de se préparer à mourir. — Il redemande un testament au général Bertrand. — Second testament. — Son testament est un résumé de sa vie politique. — Son premier valet-de-chambre Marchant. — Son indulgence pour Marie-Louise. — Legs à l'abbé Vignali. — Résigné à mourir. — Appel à ses braves qu'il va revoir dans l'autre monde.

Ce fut le 3 avril que l'on perdit toute espérance ; ce jour là le médecin reconnut que la maladie était mortelle, et comme c'était son devoir, il prévint MM. les comtes Bertrand et Montholon que la crise serait prochaine. Suivant l'étiquette des têtes couronnées, l'Empereur devait être averti ; il le fut par le comte Montholon.

Il entendit, sans surprise comme sans émotion, la signification de l'arrêt fatal, et remerciant l'ami fidèle, tout aussitôt il se hâte de mettre ordre à ses affaires spirituelles et temporelles.

A partir de cet avertissement solennel, l'Empereur n'a plus qu'une idée, celle d'accomplir ses devoirs, et de signifier ses dernières volontés, comme homme, comme chrétien et comme empereur ! il était résigné, mais sa résignation était ce sentiment magnanime qui domine la mort elle-même. Après avoir détruit un premier testament qu'il s'était fait rendre par Bertrand, il s'occupe d'en écrire un autre.

Tout ce Testament est un portrait au vif de la ressemblance morale de Napoléon, où il s'est représenté lui-même dans la nudité de son être intime. Chaque mot est une révélation de son cœur ou de son esprit, et dans l'ensemble des dispositions, on retrouve un abrégé de sa vie, et trait pour trait toute sa physionomie intellectuelle, son âme elle-même avec ses qualités et ses vertus, avec son caractère héroïque, mais aussi avec ses faiblesses et ses passions.

Le testament commence par ces mots : *Je meurs dans la religion catholique, apostolique et romaine.* C'est ainsi que Napoléon se déclare chrétien tout d'abord et sans user d'aucune dissimulation, comme il l'avait proclamé jadis en prenant les rênes du pouvoir suprême. Ensuite il décerne à ses amis, à ses serviteurs, des récompenses qui sont une juste appréciation de leurs services et de leur fidélité. Il élève son premier valet de chambre Marchant, jusqu'à l'honorer du nom de *son ami*. On a vu en quels termes affectueux, il formule le legs de M. de Montholon. Il avait dit simplement d'abord dans son testament : *Je lègue... au général Bertrand.* Mais, presque à la veille de sa mort, il prend de nouveau la plume, *pour recommander*, dans un codicille, *le général Bertrand à Marie-Louise, afin qu'elle lui fasse rendre 30,000 francs de rentes qu'il possède dans le duché de Parme et sur le Mont-Napoléon de Milan, ainsi que les arrérages échus.*

Mais il n'est rien qui puisse davantage donner une idée de l'empire de Napoléon sur ses passions que le codicille qui concerne Marie-Louise. Il hésita longtemps avant de le tracer et on l'entendit s'écrier : « *Etre Corse et pardonner un tel outrage !* » Et il ajoutait : « *Quoi donc! la justice elle-même ne me convie-t-elle pas à la flétrir !* » Puis, s'arrêtant, il disait avec une réflexion plus mûre : « *C'est la mère de mon fils, qui reste seule pour veiller sur ses jours. Eh! que puis-je d'ailleurs, moi misérable proscrit, captif, que puis-je contre la fille de César? Mon anathème ira se perdre dans les airs, ou retombera sur moi, sur mon fils. Elle est coupable, et moi? suis-je innocent? Elle a besoin de pardon, et moi qui vais paraître devant Dieu n'en ai-je pas besoin?* » « Ce fut après ce colloque avec lui-même que l'Empereur écrivit : « *Je conserve jusqu'au dernier moment à ma très-chère Marie-Louise les plus tendres sentiments; je la prie de veiller pour garantir mon fils des embûches qui environnent encore son enfance* [1]. »

---

[1] « *Elle est coupable, et moi, suis-je innocent?* » s'écrie Napoléon en parlant de Marie-Louise. Quel rapprochement involontaire ne présente pas à l'esprit cette confession énergique d'un prince qui avait cru pouvoir se

Il est deux legs de ce testament que nous devons encore transcrire.

« *Je lègue à l'abbé Vignali cent mille francs. Je désire qu'il bâtisse sa maison près de Ponte-Nuevo de Rostino.*

« *Je charge l'abbé Vignali de garder les vases sacrés qui ont servi à ma chapelle à Longwood et de les remettre à mon fils quand il aura seize ans* [1]. »

Pendant qu'il se forçait pour écrire de sa main ces codicilles, se tenant renfermé et assidu à ce travail, trois et quatre heures de suite, la maladie s'en irritait, et la mort impatiente étendait sur Napoléon les ombres de cette nuit redoutable qui ne doit se dissiper que dans l'éternité. Pour lui, il regardait la mort en face, avec le même sang-froid, avec la même magnanimité qu'il l'avait envisagée tant de fois sur les champs de bataille. A quelqu'un qui lui disait

permettre, du vivant de sa femme légitime l'impératrice Joséphine, d'épouser une archiduchesse d'Autriche! Quelques années sont à peine écoulées, et voilà cette même archiduchesse, qui brise à son tour le nœud conjugal, et croit pouvoir se permettre, du vivant de Napoléon, de lui donner un successeur, *avec le titre d'époux légitime*, le comte Neipperg, un général autrichien ! ! ! Quelle leçon du ciel aux souverains pour leur apprendre à garder la sainteté du mariage !

[1] L'abbé Vignali a été assassiné en Corse, et c'est cet assassinat qui nous a privés du témoignage intéressant qu'il aurait pu rendre des sentiments et de la foi de l'Empereur.

qu'il avait encore des chances, que son état n'était pas désespéré, il répondit : « Plus d'illusion, je sais ce qui en est, je suis résigné. »

Le 19 avril, il fait un effort, il se lève, et s'assied dans son fauteuil. Le général Montholon se réjouit de cette amélioration; Napoléon se met à lui sourire avec douceur : « Vous ne vous trompez pas, mon ami, je vais mieux aujourd'hui ; mais je n'en sens pas moins que ma fin approche. Quand je serai mort, chacun de vous aura la douce consolation de retourner en Europe. Vous reverrez vos parents, vos amis ; et moi, je retrouverai mes braves. Oui, continua-t-il en élevant la voix, Kléber, Desaix, Bessières, Duroc, Ney, Murat, Masséna, Berthier, tous viendront à ma rencontre; ils me parleront de ce que nous avons fait ensemble; je leur conterai les derniers événements de ma vie. En me voyant, ils redeviendront tous fous d'enthousiasme et de gloire. Nous causerons de nos guerres avec les Scipion, les Annibal, les César, les Frédéric !!! A moins, ajoute-t-il en riant, qu'on n'ait peur là-bas de voir tant de guerriers ensemble[1]. »

[1] Pendant ces dernières semaines, Mme Bertrand désira voir l'Empereur, et le général Bertrand en fit à l'auguste malade la demande réitérée. Mais l'Empereur refusa toujours de recevoir la visiteuse. C'est un fait que M. de Beauterne signale dans son livre, que M. Bathild Bouniol a supprimé, mais qu'il importait de rétablir, puisqu'il a sa valeur. Pourquoi le refus? Mme Bertrand se plaisait à recevoir dans son salon des officiers anglais, qui se permettaient aisément des plaisanteries et des sarcasmes contre leur captif. L'Empereur le savait; en de telles circonstances, cette sorte de crime de lèse-majesté méritait donc une sanction.

CHAPITRE HUITIÈME

L'heure de mourir. — Chrétiens et Français sont synonymes.
— Objection contre le sacrement de pénitence. — L'Empereur et le Pape Pie VII causant *de la confession*. —
Opinion de Napoléon sur la confession. — Le pénitent de
l'abbé Vignali. — Ses dispositions et ses ordres pour mourir chrétien. — Entrevues de l'Empereur avec son confesseur. — Souvenir de la première communion. — La nuit
du 30 avril. — Dialogue religieux avec le général Montholon. — Le saint Viatique. — Autel contruit par ordre
de l'Empereur. — Paroles de l'Empereur. — Sa mort
chrétienne.

Le propre du génie, c'est de voir ce qui est : semblable au soleil qui, à peine sorti de l'horizon, remplissant l'univers de ses splendeurs, en mesure l'immensité et déjà se précipite avec conscience vers le
terme de sa course rayonnante, Napoléon, dès le
matin de sa vie, en avait marqué du doigt le terme
fatal. A peine âgé de vingt-deux ans, il écrivait, avec
le laconisme du penseur, cette sentence, qui exhale
l'odeur balsamique d'un monastère du Carmel :
« La vie est un léger songe qui bientôt se dissipe. »
Quand il vit ce songe près de s'évanouir, lui, qui

appréciait le temps en homme qui en sait la brièveté, comprit la solennité et l'importance de la dernière heure! Il avait de trop loin préparé cette dernière et décisive victoire, pour ne pas la remporter! Armé de son jugement si sûr, Napoléon devait être alors et il fut tout à fait chrétien. Esprit positif, pouvait-il ne pas sentir la nécessité d'arrêter enfin ses idées dans une foi précise ? Refuser à Dieu ce dernier hommage, c'était pour Napoléon apostasier! et ne pas s'astreindre à toutes les pratiques de la religion, c'était non-seulement renoncer au ciel, mais encore à sa famille et à la France ; car dans l'enchaînement logique de sa pensée rigoureuse, la religion étant le phénomène principal, essentiel et générateur d'une nation, ne pas être chrétien, c'était ne pas être Français, ne pas être de sa famille. Mais pour être chrétien, que de choses à accomplir! Pour celui qui jusque-là n'a pratiqué qu'à demi, pour cet homme terrestre qui, tout à l'heure encore, rampait à terre, opprimé par l'obscurité d'un doute indigne de la majesté lumineuse de la religion ; quel effort pour triompher de lui-même! Napoléon s'y résolut avec cet élan indomptable qu'il portait dans l'accomplissement de sa volonté! Mais qu'il lui en coûta et qu'il eut à combattre!....

Il était chrétien sans doute par sa naissance et son éducation, de plus il était chrétien par le génie et par le cœur ; il avait la foi qui naît d'une grande âme. Mais tel est l'orgueil humain : lui qui eût regardé comme un crime et même comme une folie la pré-

tention de retrancher un seul iota de l'Evangile, qu'il
vénérait si profondément il avait éludé la pratique
par une de ces aberrations trop communes, et qui
sont la plaie de notre époque! Le sacrement essentiel
du christianisme, et qui est tout le christianisme,
c'est le sacrement de l'Eucharistie; aucun chrétien,
si relâché qu'il soit, n'ose en discuter, même en pensée, la vérité mystérieuse; mais on ne se fait pas scrupule des objections contre la confession; et cependant
quelle inconséquence! La confession est l'escalier de
l'autel chrétien; brisez-le, vous ne pouvez plus en
approcher! Déjà sur le trône, pressé de se confesser
par le pape Pie VII, Napoléon avait dit : Je suis trop
occupé, saint Père; quand je serai plus vieux. » Puis
il disait à ses courtisans : « Un souverain peut-il,
doit-il se confesser? Alors, que devient la question
des deux puissances, la temporelle et la spirituelle?
Le souverain, c'est le prêtre [1]. »

Mais ce qui prouve que Napoléon n'était pas sincère
en parlant ainsi, c'est qu'à Sainte-Hélène quelqu'un
lui disant : « Sire, vous êtes chrétien, vous entendez
la messe, vous allez même jusqu'à faire maigre, mais
comment vous dispensez-vous du principal, vous ne
vous confessez pas? » L'Empereur répondait vivement : « La confession est d'institution divine; elle
est nécessaire; en nous faisant connaître à autrui, nous
apprenons à nous connaître; c'est un supplément, et

[1] Etranges chimères de l'orgueil! Quel terrible danger que
la toute-puissance qui inspire de telles pensées!

un auxiliaire admirable de la conscience. Par la confession on s'affermit dans le bien, on connaît à fond le mal, on s'en sépare, on s'unit à Dieu, cela est incontestable; mais la confession est une affaire de confiance, et la confiance est une chose délicate qui ne se commande pas, aussi c'est notre droit à tous de choisir un confesseur; et moi le puis-je? qui choisir? l'abbé Vignali, un jeune homme qui est là toute la journée sous mes yeux, aussi familier avec moi que l'un de vous. Il a de la foi, c'est tout; mais ce n'est pas là ce qu'il me faut; il a de l'instruction, mais il n'a ni assez de lumières ni assez d'expérience pour moi. L'abbé Buonavita, à la bonne heure ! voilà un prêtre, un saint vieillard ! » Puis il ajoutait : « Si l'évêque de Nantes[1] était ici, je me confesserais sur l'heure. Il eût fait de moi tout ce qu'il eût voulu. » Qu'on juge par là combien il en coûtait à Napoléon de se mettre aux genoux de ce même abbé Vignali, quand la maladie vint enfin le lui commander impérieusement. Cependant s'était-il confessé à l'abbé Buonavita? Personne n'est en mesure de l'affirmer ou de le nier; mais ce qui est certain, c'est qu'il s'était enfermé souvent avec lui; que se passait-il alors entre le prêtre et Napoléon? Dieu seul le sait. Ce qui n'est pas douteux aussi, c'est que l'Empereur ne niait pas la vérité de la confession, et c'est là l'unique point qu'il est essentiel d'établir.

---

[1] Mgr Duvoisin, auteur du livre bien connu et excellent ntitulé : *Démonstration évangélique.*

En voici une preuve encore. Avant la venue des prêtres dans l'île, comme un de ses serviteurs, gravement malade, se désolait à l'idée du risque qu'il courait de mourir sans sacrements, l'Empereur lui dit : « Certes, j'en serais effrayé à votre place, mais non autant que vous, parce que je suis plus instruit. Il n'y a pas de notre faute si nous sommes ici sans religion. C'est le crime de nos bourreaux. Mais si je mourais sans sacrements, mon sang serait sur eux et non sur moi, si d'ailleurs je suppléais par l'intention à ce qui nous manque. Une confession faite à Dieu est très-valable pour celui qui ne peut la faire à son ministre. »

Enfin, pressé d'en finir avec les hésitations et les délais par le progrès de la maladie autant que par le besoin de sa conscience, l'Empereur se décida. Déjà il avait eu plusieurs entretiens secrets avec l'abbé Vignali, *lorsque le 20 avril, l'autel se trouva dressé, et à l'issue de la messe, l'Empereur se confessa et fut administré dans la même matinée, c'est-à-dire qu'il reçut l'Extrême-Onction;* voilà ce que rapporte M. de Norvins, et ce qui m'a été confirmé par M. Marchant. *Le malade désirait recevoir le saint Viatique* (je cite encore M. de Norvins;) *mais la maladie ne le permit pas.* Le lendemain 21 avril, *l'Empereur mande de nouveau l'abbé Vignali, et lui dit : Monsieur l'abbé, savez-vous ce que c'est qu'une chapelle ardente? — Oui, Sire. — En avez-vous desservi? — Aucune. — Eh bien vous desservirez la mienne! L'Empereur entre à cet égard dans les plus minutieux détails*[1], » lorsqu'un

---

[1] Ces lignes en italique sont d'Antommarchi.

éclat de rire se fait entendre. Quel est celui qui s'oubliait jusqu'à insulter à la Religion et à la majesté de l'Empereur, sans être retenu par ce respect naturel qui s'attache aux dernières paroles d'un mourant? C'était le médecin Antommarchi. Qu'on juge de ce qui dut se passer dans l'âme magnanime de Napoléon; sa colère fit explosion dans les termes les plus énergiques comme on l'a dit plus haut, d'après le témoignage de M. Marchant. Mais Antommarchi, racontant cette scène, et atténuant ses torts, prête ces exclamations à l'Empereur : « *Vous êtes un athée; vous êtes médecin; les médecins ne croient jamai à rien parce qu'ils ne brassent que de la matière. Je ne suis ni philosophe ni médecin, je crois en Dieu, je suis chrétien, catholique romain; soyez athée, Monsieur, pour moi, je veux remplir tous les devoirs que la religion impose, et recevoir tous les secours qu'elle administre. (Et se tournant vers le prêtre :) Monsieur l'abbé, vous direz la messe tous les jours et vous continuerez à la dire après ma mort. Vous ne cesserez que lorsque je serai en terre. Aussitôt que je serai mort, vous poserez un crucifix sur mon cœur, vous mettrez votre autel à ma tête. Je veux en outre que, dès à présent, vous exposiez tous les jours le Saint-Sacrement et que vous disiez tous les jours les prières des quarante heures.* » Voilà ce que le médecin Antommarchi lui-même raconte, et ce qui m'a été confirmé par M. Marchant.

Mais bientôt l'Empereur rappelle l'abbé Vignali; il veut converser, il s'enferme avec lui. Quoi donc! ce jeune homme a-t-il vieilli tout d'un coup? n'est-ce plus ce même abbé Vignali, le commensal et le familier de l'exilé? Non, voyez-le : sa démarche est noble et grave, l'Empereur ne lui impose plus; au contraire, il impose à l'Empereur lui-même : c'est un être tout divin, le familier de Dieu, le dépositaire de ses sacrements et de sa parole, le prêtre éternel, enfin le représentant et le ministre légitime de Jésus-Christ, qui en tient les pouvoirs et qui est revêtu des entrailles de sa miséricorde. Je ne dis point assez, écoutez : Ce prêtre, c'est Jésus-Christ; oui, Dieu même, notre Sauveur béni, dont Napoléon contemple le visage, recherche la société et adore la conversation. O triomphe de la foi!.... Ce fait des entrevues secrètes de l'abbé Vignali avec l'Empereur ne saurait être l'objet d'aucun doute, puisqu'il est attesté également par M. Antommarchi et par MM. Montholon et Marchant. « Plusieurs fois, m'ont-ils répondu quand je les interrogeais là-dessus, pendant les dernières semaines de son agonie, l'Empereur demeura seul avec l'abbé Vignali; sa porte était fermée *par ordre.* »

Que se passait-il? Nous pouvons le pressentir : l'Empereur repassait toute sa vie pour en ôter l'ivraie; il nettoyait son aire avec le van de l'Evangile. Quel travail nouveau! On ne veut plus gagner le monde ou des trônes qu'on méprise, mais l'âme qu'on estime enfin son prix! Qui pourrait dire quelles furent les pensées avec lesquelles il traita l'affaire de son éternité, lui qui avait des pensées si magnanimes pour les affaires du temps! Lui, si dévoué à sa famille, à ses amis, indulgent aux ingrats, facile à la pitié, avec une conception si prompte et si féconde, une mémoire prodigieuse, une volonté ardente, quelles furent ses sensations quand il se sentit tout près de la réalité de nos saints mystères, et déjà les maniant, *palpant Dieu avec la main*, pour me servir d'une expression de l'Évangile. Dans ces instants solennels où Napoléon médita le Christianisme, favorisé de la grâce, réconcilié avec Dieu, lui qui, à la lueur seule de son génie, était monté et descendu dans l'abîme de nos mystères, aidé de la foi soutenu par l'humilité et rempli de la charité qu'elle inspire, où ne parvint-il pas, où s'arrêta cet aigle dans l'ascension de son vol royal, dans quelle région de l'azur, dans quelles harmonieuses sphères, dans quelles sublimités, dans quels cieux ?

Ce ne sont pas là de pures idées, des hypothèses de l'imagination ; non, ce sont les réflexions qui naissent naturellement des faits. J'en fais juge le lecteur, et je poursuis. Un chrétien vulgaire se fût contenté avec la cérémonie du 20 avril. C'était assez surtout pour un prince plus scrupuleux observateur de la forme que du fond. Mais, le christianisme n'était pas une affaire de forme pour Napoléon chrétien, profondément chrétien, chrétien par l'esprit et plus encore par le cœur ! Un fait grave de sa jeunesse, une première communion excellente, y contribua puissamment en laissant dans son âme d'ineffaçables impressions ; aussi l'idée de l'Eucharistie ne se présentait jamais à lui sans l'émouvoir profondément car elle lui rappelait son heureuse enfance, sa mère si tendre et si pieuse, la cathédrale d'Ajaccio, avec son grand-oncle l'archidiacre, cet excellent prêtre, et tous les souvenirs si chers à un cœur bien né, la famille, la patrie, les amis, etc! C'est pour cela qu'il lui fallait à sa mort la religion, toute la religion! Et l'avait-il tout entière, si l'Eucharistie lui manquait!

Mais avant d'arriver à cette heure et à la nuit solennelle où l'Empereur va recevoir la sainte Eucharistie, voici deux traits qui achèvent de peindre sa physionomie morale.

On a vu tout à l'heure sa colère contre son médecin; jusqu'au 27 avril il n'avait pu se décider à écrire le nom de cet impie dans son testament; mais ce jour-là, la clémence l'emporte; ils se préoccupe d'acquitter envers son médecin sa dette de malade; « *Seriez-vous bien aise,* lui dit-il, *d'entrer au service de Marie-Louise, d'être attaché en qualité de chirurgien à sa personne comme vous l'êtes à la mienne? — Si je devais perdre Votre Majesté, ce serait toute mon ambition. — Fort bien, je vais écrire à l'impératrice.* » Ce n'est pas assez pour l'Empereur, il sent que cette promesse a quelque chose de trop vague. Il en fait un codicille à part qu'il écrit la veille de sa mort, ainsi conçu : « *Je prie ma bien-aimée Marie-Louise de prendre à son service mon chirurgien Antommarchi, auquel je lègue une pension pour sa vie durant de 6,000 fr.* (six mille francs), *qu'elle lui payera.* » Cela ne tranquillise pas encore celui qui connaît les cours; il craint sans doute que la politique n'élève des objections, et que son médecin ne soit frustré du prix généreux de ses services ; il mande ses exécuteurs testamentaires, MM. Montholon, Bertrand et Marchant, et en leur présence, *il déclare que c'est son intention de laisser à son médecin une somme de cent mille francs.*

En tête du codicille qui regarde Antommarchi, on lit ces mots : *Aujourd'hui 27 avril 1821, malade de corps, mais sain d'esprit, j'ai écrit de ma propre main ce huitième codicille à mon testament.*

Voici le second trait rapporté par Antommarchi lui-même. *Le 29 avril, Napoléon n'éprouve pas de vomissements* et boit beaucoup d'eau fraîche, ce qui lui inspire ces pensées : Si la destinée voulait que je me rétablisse, il s'élèverait un monument dans le lieu où jaillit cette eau ; je couronnerais la fontaine en mémoire du soulagement qu'elle m'a donné. Si je meurs, que l'on proscrive mon cadavre comme on a proscrit ma personne [1], *que l'on me refuse un peu de terre*, je souhaite qu'on m'inhume auprès de mes ancêtres, dans la cathédrale d'Ajaccio en Corse ; s'il ne m'est pas permis de reposer où je naquis, eh bien ! qu'on m'ensevelisse là où coule cette eau si douce et si pure. » O sentiment touchant ! ô gratitude digne d'un souverain ! Celui qui a été le maître du monde demande l'aumône *d'un peu de terre* pour son cadavre ! Il vient de disposer de tout ce qu'il a pour ses amis ; il ne veut pas demeurer redevable, il veut

---

[1] Je désire que mes cendres reposent sur les bords de la Seine, dit l'Empereur dans son testament.

payer généreusement, même à une fontaine, la fraîcheur de son eau ; il n'a plus rien, mais le cadavre de Napoléon proscrit est un trésor : sa reconnaissance le donne à cette fontaine.

Mais s'agit-il ici seulement d'une fontaine ? cette exquise sensibilité, qui se manifeste dans des termes choisis, n'est-ce qu'un sentiment de bien-être physique ? N'est-ce pas plutôt l'indice d'un bonheur plus relevé, d'une espérance de l'âme ? J'en fais juge le lecteur : d'après M. de Norvins, *la nature seule de la maladie s'était opposée, le 20 avril, au désir de l'Empereur de recevoir le saint Viatique.* Eh bien ! *le 29 avril,* le médecin constate dans son journal que *les vomissements ont cessé* par suite de cette eau fraîche et pure de la fontaine : et ce jour-là même, l'Empereur se prépara à recevoir le saint Viatique. Comment douter, après cela, de la liaison secrète, dans l'esprit de Napoléon, entre cette fontaine et le bonheur qu'elle va lui procurer d'étancher une autre soif et de se désaltérer à une autre fontaine, dont l'eau vive rejaillit jusque dans l'éternité ?

Écoutez, lecteur, non de vaines conjectures, mais un fait, dont l'authenticité ne saurait plus être révoquée en doute.

« Le 20 avril, raconte le général Montholon, j'avais déjà passé trente-neuf nuits au chevet du lit de l'Empereur, sans qu'il eût voulu permettre, même à mon vénérable compagnon de chaîne le général Bertrand, de me remplacer dans ce pieux et filial service, lorsque, dans la nuit du 29 au 30 avril, il affecta d'être

effrayé de ma fatigue et m'engagea à faire venir à
ma place l'abbé Vignali. L'insistance que mit l'Empereur me prouva qu'il parlait sous l'empire d'une
préoccupation étrangère à la pensée qu'il m'exprimait ; il me permettait de lui parler comme à mon
père : j'osai lui dire ce que je comprenais de son insistance : il me répondit sans hésiter : *Oui c'est le
prêtre et non le montagnard Corse que je demande ;
veillez à ce qu'on me laisse seul avec lui, et ne dites
rien.* J'obéis, et lui amenai immédiatement l'abbé
Vignali que je prévins du saint ministère qu'il allait
remplir [1]. »

Enfin, voici l'Empereur face à face avec le Christianisme, avec tous ses dogmes, contenus dans un
seul, avec le dogme de la création, de la chute et
de la rédemption de l'homme : face à face avec
l'Eucharistie ! avec le corps, le sang l'âme et la divinité de Jésus-Christ ! face à face avec Dieu ! Voilà
bien, mon Dieu, une de ces victoires que vous rem-
portez quand cela vous plaît, et ensuite que vous
exposez aux yeux des nations, pour être un signe du
salut ou de la ruine de plusieurs ! Quelle fut, je le
demande, cette communion différée, jusqu'à la mort,
par celui qui avait dit : *Je ne suis pas assez pieux
pour communier, mais je le suis trop pour commettre
un sacrilége !* Quelle en fut la ferveur et la sincérité !
Quelle union intime avec la vérité, et surtout quelle

---

[1] Ceci est littéralement extrait d'une lettre inédite du général Montholon, qui se trouve à la fin de ce volume.

séparation du monde et de ses mensonges ! Quel triomphe pour la vérité ! Qui n'admirerait, en voyant Napoléon s'incliner avec le tremblement de la foi devant la mystérieuse et redoutable hostie, les mains jointes et dans un recueillement profond, prendre et consommer l'aliment divin ! Jamais le héros fut-il plus grand que quand il donnait, dans la sincérité de sa foi, cet immortel exemple ?

Quand le général Montholon parut le matin, sur les quatre heures, dans la chambre du malade, Napoléon lui dit avec émotion ces paroles si touchantes :

« Général, je suis heureux, j'ai rempli tous mes
» devoirs, je vous souhaite à votre mort le même
« bonheur. J'en avais besoin, voyez-vous ; je suis
« Italien, enfant de classe de la Corse. Le son des
« cloches m'émeut, la vue d'un prêtre me fait plaisir.
« Je voulais faire un mystère de tout ceci, mais cela
« ne convient pas ; je dois, je veux rendre gloire à
« Dieu. Je doute qu'il lui plaise de me rendre la santé :
« n'importe ; donnez vos ordres, général, faites dresser
« un autel dans la chambre voisine ; qu'on y expose
« le Saint-Sacrement, et qu'on dise les prières des
« quarante heures. »

Comme le général s'apprêtait à sortir, Napoléon l'arrêta ;

« Non dit-il, vous avez assez d'ennemis ; comme
« noble et gentilhomme, on vous imputerait d'avoir
« tout fait d'après votre tête, quand je n'avais plus la
« mienne ; demeurez, je veux donner les ordres moi-
« même. »

Le général étant monté à sa chambre, s'était jeté sur son lit tout habillé; il dormait, lorsqu'un bruit inaccoutumé le réveille. Le général Bertrand entre chez lui, et d'une voix très-animée lui demande « ce que « c'était qu'une chapelle en permanence chez l'Empe- « reur, et l'abbé Vignali ne cessant d'officier. » Le général repartit : « Qu'on pouvait interroger l'Em- pereur là-dessus. » — Comment cela! puisque c'est « de vous que Saint-Denis a reçu ces ordres, de vous « seul, » s'écria le comte Bertrand. Les deux géné- raux descendirent pour interroger Saint-Denis, qui convint qu'il avait reçu de l'Empereur directement l'ordre relatif à l'érection de la chapelle. Alors le comte Bertrand entra chez Napoléon, et crut devoir faire une objection respectueuse « contre des actes aussi solennels, aussi réitérés de religion, que la re- nommée porterait en Europe, pour les défigurer et qu'il regardait comme des exagérations politique- ment peu convenables, plus conformes d'ailleurs au caractère d'un religieux qu'à celui d'un vieux soldat, de l'Empereur. »

Alors Napoléon se leva sur son séant, et d'une voix animée :

« Général, je suis chez moi! vous n'avez pas d'or- « dres à donner ici, vous n'en avez pas à recevoir; « pourquoi donc êtes-vous ici? Est-ce que je me « mêle de votre ménage, moi? » Le général s'inclina « et sortit...

Cependant on s'était empressé de démolir l'autel. Sur un nouvel ordre, on le reconstruisit; les intentions de l'Empereur furent remplies ; les prières des quarante heures et la messe furent dites tous les jours. Quand l'heure eut sonné, on commença les prières des agonisants, sublime invocation du chrétien, près de quitter la terre, dernier battement de son cœur expirant.

Antommarchi cite dans son journal des paroles qui se rapportent trop directement à la religion pour les omettre. Napoléon parla des cultes, des dissensions religieuses, et de l'espérance qu'il avait nourrie de rapprocher toutes les sectes. « Je n'ai pu l'exécuter, dit-il ; les revers sont venus trop tôt ; *mais du moins j'ai rétabli la religion, c'est un service dont on ne peut calculer les suites. Que deviendraient les hommes sans la religion ?*

M. de Norvins rapporte les paroles suivantes : « Aucun remède ne peut me guérir, dit Napoléon à un étranger qu'il avait admis auprès de son lit ; mais ma mort sera un baume salutaire pour mes ennemis. J'aurais désiré de revoir ma femme et mon fils ; *mais que la volonté de Dieu soit faite.* » Puis il ajouta : « Il n'y a rien de terrible dans la mort ; elle a été la compagne de mon oreiller pendant ces trois semaines, et à présent elle est sur le point de s'emparer de moi pour jamais. »

Il dit encore : « Quelle souffrance mes ennemis me font endurer ! Encore s'ils m'avaient fait fusiller, j'aurais eu la mort d'un soldat ! J'ai fait plus d'ingrats qu'Auguste. *Que ne suis-je, comme lui, en état de leur pardonner !*

Le 3 mai, après avoir dit adieu à ses généraux, l'avant-veille du jour fatal, il prononça cette belle parole : *Je suis en paix avec le genre humain.*

Ce même jour, l'Empereur reçut *une seconde fois* le saint Viatique; ce qui est attesté par M. Antommarchi et par M. Marchant.

Voici ce qu'on lit dans Antommarchi :

« Le 3 mai, deux heures après midi, la fièvre diminue. Tout le monde se retire. L'abbé Vignali reste seul avec le malade, et nous rejoint quelques instants après dans la pièce voisine, où il nous annonce qu'il a administré le saint Viatique à l'Empereur. »

M. Marchant m'a dit que les choses s'étaient passées comme le rapporte M. Antommarchi, et que, pour ce qui le concerne, son souvenir lui rappelait de la même manière l'événement de la dernière entrevue du prêtre et de Napoléon.

Le buste de son fils, que l'Empereur avait fait placer en face de son lit, eut son dernier regard. Il joignit les mains, et sa dernière parole fut : *Mon Dieu* [1]

Alors eut lieu une scène solennelle :

« A peine eut-il expiré, dit un historien, que ses compagnons le placèrent sur un lit de camp recouvert du manteau de guerre de Marengo. De tous les points de l'île les troupes de la garnison accoururent pour défiler en grande tenue et sans armes devant ce

---

[1] Les mots que la plupart des historiens mettent dans sa bouche, *Tête d'armée,* etc., furent dits auparavant et dans une sorte de délire.

glorieux cadavre. Chaque homme s'approcha religieusement du lit et mit genou à terre ; beaucoup apposèrent leurs lèvres sur un coin du manteau. Sir Hudson Lowe voulut en vain s'opposer à ces démonstrations ; sa volonté échoua devant la légalité anglaise. Le colonel lui répondit :

« — Napoléon est mort, la loi d'exception n'existe plus ; j'ai le droit de faire promener mon régiment comme il me plait, et je le fais. »

CHAPITRE NEUVIÈME

Témoignages écrits de Montholon, Bertrand, Marchant,
Drouot, Michaud, Pie VII.

I

Dans un écrit posthume du général Bertrand, publié par ses fils tardivement, plusieurs années après
sa mort, et longtemps après l'apparition de ce livre,
se trouve un passage d'une haute importance et que
nous sommes heureux de reproduire, car il confirme,
et de la manière la plus explicite, la plus affirmative,
tout ce qui est essentiel dans le récit de la mort si
chrétienne de l'Empereur. Qu'importe qu'il semble
le contredire dans quelques détails qui n'intéressent
point ce fait capital? Le lecteur, édifié sur ce point,
appréciera pour le reste la valeur de la négation et
pèsera les témoignages. Citons maintenant :

« Lorsqu'il approchait du terme fatal, l'Empereur
nous dit qu'il avait relevé les autels en France et
rétabli la religion, expression qui lui était familière
pendant qu'il était sur le trône ; que, dans son palais,
comme à Sainte-Hélène, il avait entendu la messe le
dimanche ; que ses derniers jours devaient être con-

formes au reste de sa vie; que l'abbé Vignali devait dire la messe dans le lieu accoutumé et réciter les prières des quarante heures ; *qu'il faudrait, quand il le dirait, faire entrer l'abbé Vignali, et le laisser seul avec lui.* Tout ce que l'Empereur a prescrit a été exactement suivi. Nul de nous, pas plus à Sainte-Hélène qu'aux Tuileries ou à Compiègne, n'avait à se mêler de ce qui se passait entre l'Empereur et son aumônier.

« L'Empereur a manifesté à Sainte-Hélène les sen-
« timents religieux qu'il avait publiquement professés
« sur le trône. Je puis donner cette assurance aux
« hommes sincères de toutes les opinions comme aux
« amis de l'Empereur, et cette marque de respect, je
« la dois à sa mémoire, je la dois à la vérité. »

« Ceux qui ont approché l'Empereur savent qu'en
« diverses occurrences il a dit et répété : *Je crois*
« *tout ce que croit mon curé.*

Maintenant laissons parler M. de Montholon, dont le langage affirmatif ne laisse rien à désirer. Voici une première lettre adressée par lui à feu M. de Beauterne :

« MONSIEUR,

« Vous m'avez à plusieurs reprises demandé mon opinion sur les croyances religieuses du grand homme auquel j'ai fermé les yeux. Je n'ai pas cru devoir répondre ; vous connaissez les motifs de mon silence. Votre lettre du 6 décembre m'oblige à regret à me départir de ce système, et à redresser des erreurs auxquelles votre position d'écrivain consciencieux pourrait donner de la valeur.

« Comme homme, Napoléon croyait ; comme roi, il jugeait la religion une nécessité, un moyen puissant pour gouverner.

« L'un des premiers actes de son avénement au pouvoir suprême fut de relever les autels renversés par la tempête de 93, de rappeler les prêtres au milieu de leurs ouailles, et de les placer sous l'égide protectrice d'une loi fondamentale de l'État, le Concordat de 1801.

« Il n'a jamais dit : « Le Concordat fut la plus • grande faute de mon règne. »

« Il n'a jamais demandé au Saint-Siége d'autoriser en France ou en Italie la suppression des couvents, ou la vente de leurs biens. Les couvents étaient supprimés, et leurs biens vendus en France et dans la république Cisalpine longtemps avant qu'il ne revînt d'Egypte.

« Le mariage des prêtres n'a jamais été l'objet d'une négociation entre son cabinet et le Saint-Siége. Le célèbre Fox lui reprochant de n'en avoir pas fait une condition du Concordat, il lui répondit : « J'avais « et j'ai besoin de pacifier : c'est avec de l'eau bénite, « et non avec de l'huile bouillante que l'on calme les « plaies théologiques. »

« L'enlèvement du Pape est le fait personnel du général Miolis ; il n'a jamais été prévu ni ordonné par l'Empereur.

« Une partie notable de la correspondance entre

Napoléon et Pie VII, depuis 1805 jusqu'en 1809, est restée secrète. Je le regrette ; ces lettres témoigneraient des opinions religieuses de l'Empereur et de ses vues, comme chef de l'empire d'Occident, pour la gloire et la prospérité de l'Eglise catholique.

« Les querelles entre le cabinet des Tuileries et le Saint-Siége n'eurent jamais pour cause une question religieuse ; elles furent toutes politiques ; elles datent de 1805, époque à laquelle les escadres de la troisième coalition menaçaient les côtes d'Italie d'un débarquement anglo-russe.

« L'armement d'Ancône entrait dans le plan général de défense de l'Italie. L'Empereur chargea son ambassadeur à Rome de le demander au gouvernement du Pape ; il offrit un traité d'alliance offensif et défensif entre le roi d'Italie et la cour de Rome. Le Pape refusa ; il répondit que : « Père des fidèles, il ne pouvait « entrer dans aucune ligue contre ses enfants, et ne « pouvait ni ne voulait faire la guerre à personne. » L'Empereur répliqua : « L'histoire des papes est pleine « de leurs ligues avec les empereurs, les rois d'Es- « pagne ou les rois de France. Jules II a commandé « des armées ; en 1797, moi, général Bonaparte, j'ai « battu l'armée de Pie VI combattant dans les rangs « des Autrichiens la République française ; et, puis- « que, de nos jours, les bannières de Saint-Pierre ont « pu flotter saintement à côté des aigles d'Autriche, « elles peuvent bien flotter sur les murs d'Ancône, « comme alliées de l'aigle de France. Cependant, par « respect pour les scrupules du Saint-Père, je con-

« sens que le traité d'aillance soit restreint au cas
« d'attaque de la part des infidèles ou des hérétiques.»

« Les événements marchaient rapidement dans ces
temps de lutte à mort entre l'Angleterre et la France.
Il fallait qu'Ancône fût occupé à tout prix. L'Empereur, n'espérant plus rien des instances près du Saint-
Siége, et dominé qu'il était par l'intérêt du salut de
ses états d'Italie, ordonna à la division Miolis de mettre
garnison dans Ancône, et d'occuper militairement les
Marches et les Légations. Le nonce quitta Paris sur
l'heure, et, ministre de la plus petite des puissances
temporelles, il déclara sans hésiter la guerre au co-
losse de l'Empire français. Napoléon ordonna à son
ambassadeur de rester à Rome, et d'affecter que rien
ne fût changé dans les relations diplomatiques.

« La bataille d'Essling rendit un instant l'espérance
aux ennemis de l'Empereur. En Italie, l'exaspération
populaire se manifesta avec violence; le cri de : Mort
aux Français ! retentissait de tous côtés. Le général
Miolis avait à peine quelques mille baïonnettes dis-
séminées sur une étendue de plus de soixante lieues :
il gardait Rome avec moins de quinze cents hommes.
Sa position était bien critique; il ne vit de salut que
dans la désobéissance à ses instructions, et ne recula
pas devant l'effroyable responsabilité de violer la sainteté du vicaire de Jésus-Christ; il enleva le Pape au
milieu de la nuit et le fit conduire à Florence. La
foudre n'a point d'effet plus subit; la stupeur la plus
profonde remplaça, sur les places publiques et dans les
montagnes, l'effervescence si menaçante de la veille.

« La grande duchesse de Toscane ne fut pas plus étonnée qu'un général eût osé désobéir à son frère, qu'elle ne fut effrayée de la responsabilité qui pèserait sur elle si le Pape restait en Toscane; elle expédia courrier sur courrier au quartier général impérial, et demanda avec instance au général Miolis de diriger le cortége par le littoral sur les côtes de Gênes. Le général Miolis y consentit. Le Pape fut conduit à Savone.

« *Rien n'égala le mécontentement de l'Empereur;* sa pensée profonde comprit instantanément tous les embarras qui naîtraient pour lui de l'enlèvement du Pape ; ses convictions religieuses ne furent pas moins froissées, et *son premier mouvement fut d'ordonner de ramener sur l'heure le Pape à Rome.* Mais tout à la fois les rêves du général Bonaparte, les projets de l'Empereur recevaient, de l'enlèvement du Pape, la possibilité d'être réalisés. Des trois obstacles qui s'étaient opposés à l'unité italique, deux avaient été levés par la volonté de l'Empereur; le troisième, celui devant lequel cette volonté presque magique se croyait impuissante, la résidence des papes à Rome, venait de tomber. Une de ces combinaisons inexplicables du destin transportait la chaire de Saint-Pierre des bords du Tibre à ceux de la Seine. Paris serait la capitale du grand empire et la résidence du souverain pontife de 80 millions de catholiques. La puissance spirituelle des papes s'accroîtrait naturellement de l'appui de la toute-puissance temporelle de l'Empereur; les beaux temps de l'Église renaîtraient. Le déplacement du Pape était un fait acquis à la fortune de l'Empire; *Napoléon l'accepta, il eut tort* [1] : mais du moins est-il certain qu'il ne fut point dans sa volonté de porter atteinte à la sainteté du chef de l'Eglise. La lettre qu'il écrivit en cette occasion à l'évêque de Nantes, en serait une preuve au besoin : « Monsieur « l'évêque, soyez sans inquiétude, la politique de mes « Etats est intimement liée avec le maintien et la puis- « sance du Pape. Il me faut qu'il soit plus puissant « que jamais. Il n'aura jamais autant de pouvoir que « ma politique me porte à lui en donner. »

« L'enlèvement du Pape ne fut donc point un acte de la volonté de l'Empereur: C'est un de ces funestes accidents qui trop souvent adviennent en politique, comme dans le cours de la vie.

« Napoléon comprenait les intérêts de l'Eglise; il les joignit constamment à ceux de la couronne dans les méditations de son génie. Tout ce que l'Église catholique a retrouvé de puissance en France depuis quarante ans, elle le lui doit.

« Napoléon est mort comme il a vécu, comme il a régné. Son testament l'atteste à l'histoire; il com- mence par ces lignes : « Je meurs dans la religion « catholique, apostolique et romaine, dans laquelle je « suis né, il y a plus de cinquante ans. »

« J'avais déjà passé trente-neuf nuits au chevet de son lit, sans qu'il eût voulu permettre, même à mon vénérable compagnon de chaîne, le général Bertrand,

---

[1] Ah ! certes; et comme les événements l'ont terriblement prouvé !

de me remplacer dans ce pieux et filial service, lorsque, dans la nuit du 29 au 30 avril, il affecta d'être
effrayé de ma fatigue, et m'engagea à faire venir à
ma place l'abbé Vignali. L'insistance que mit l'Empereur me prouva qu'il parlait sous l'empire d'une
préoccupation étrangère à la pensée qu'il m'exprimait;
il me permettait de lui parler comme à mon père ;
j'osai lui dire ce que je comprenais de son insistance. Il me répondit sans hésiter : « Oui, c'est le
« prêtre, et non le montagnard corse que je demande.
« Veillez à ce qu'on me laisse seul avec lui, et ne
« dites rien. » J'obéis, et lui amenai immédiatement
l'abbé Vignali, que je prévins du saint ministère qu'il
allait remplir. Vers quatre heures, l'aumônier sortit,
et j'entrai.

« Vous n'attendez sûrement pas de moi, Monsieur,
le récit de l'entretien que j'eus alors avec l'Empereur,
et vous trouverez simple que je me borne à vous dire
ma conviction. Les méditations du génie prodigieux
de Napoléon n'avaient point effacé chez lui les impressions religieuses de son enfance italienne; loin
de là, elles les avaient développées comme croyance,
et si quelques actes de son règne semblent être en
contradiction avec cette vérité, c'est qu'habitué qu'il
était à tout soumettre aux exigences de son ambition
royale, il commandait dans ce cas à la religion, comme
journellement il exposait sa vie ou commandait à ses
passions.

« C'est par l'ordre de l'Empereur que l'abbé Vignali
a dit dans la chapelle de Longwood les prières des

agonisants, et que le service a été célébré, avec tout le cérémonial possible, à Sainte-Hélène.

« Recevez, Monsieur, l'assurance de la considération très-distinguée avec laquelle j'ai l'honneur d'être

« Votre très-humble et très-obéissant serviteur,

« F. Montholon. »

Voici une autre lettre du général Montholon à M. de Beauterne, qui lui écrivait relativement à un journal *des Dires et des Faits religieux de Sainte-Hélène* journal connu de l'Empereur, qui le lisait et le corrigeait même au besoin. M. de Montholon avait eu dans ses mains cette pièce importante, qu'à son retour en Europe l'abbé Vignali, à ce qu'il croyait, avait dû remettre au cardinal Fesch. M. de Beauterne le priait d'écrire à celui-ci pour en avoir copie. Voici la lettre du général à l'écrivain :

« Monsieur,

« Je me suis empressé d'écrire à S. A. Msr le cardinal Fesch, conformément au désir que vous m'en avez témoigné, pour lui demander copie des procès verbaux qu'a dû lui remettre M. l'abbé Vignali. Je ne puis, avant d'avoir reçu la réponse de S. A. Msr le Cardinal, rien ajouter comme détails au fait sur lequel vous m'avez interrogé dans l'intérêt de l'histoire, et auquel j'ai répondu en vous donnant communication du premier paragraphe du testament de l'Empereur, qui ne peut laisser aux incré-

dules le plus léger doute sur les sentiments religieux qui le dominaient à ses derniers moments, et
qui, dans ma conviction profonde, furent ceux de
toute sa vie.

« Recevez, Monsieur, l'expression de la considération distinguée avec laquelle j'ai l'honneur d'être

« Votre très-humble et très-obéissant serviteur,

« Le général MONTHOLON. »

Les nécessités d'impression ne permirent pas à l'auteur d'attendre l'envoi du manuscrit en question.
Sans doute celui-ci ne s'est pas retrouvé. On ne
pourrait s'en étonner par suite de la mort tragique
du pauvre abbé Vignali, assassiné en Corse peu de
temps après son retour. Cette catastrophe nous prive
ainsi d'un témoignage précieux, et le premier que,
sans cette fatale circonstance, on eût dû invoquer.
Heureusement que d'ailleurs les preuves surabondent.

Quelque temps après, M. de Beauterne écrivait au
général en lui envoyant un premier exemplaire de son
livre :

«... J'espère que les idées religieuses de l'Empereur,
recueillies de votre bouche et que je vous ai déjà lues
en partie, je crois, vous plairont plus encore dans la
citadelle de Ham que dans votre appartement de
Luxembourg? »

M. de Montholon répondait entre autres choses :

« J'ai lu avec un vif intérêt votre ouvrage : « Sen-

« *timent de Napoléon sur le Christianisme*, et je ne
« pense pas qu'il soit possible de mieux exprimer les
« croyances religieuses de l'Empereur. »

Voici maintenant une lettre de M. Marchant, lettre
dont il a été parlé dans le cours de cet ouvrage.

    « Monsieur,

« Il ne m'a point été possible, ces jours-ci, comme
je me proposais de le faire, de répondre à la lettre
que vous m'avez fait l'honneur de m'écrire. Je n'ai
point écrit à M. Saint-Denis, pensant qu'il avait peu
d'éclaircissements à apporter dans la question que
vous avez le désir de connaitre.

« Je crois plus convenable, M. le comte Montholon
vous ayant donné ses souvenirs, de vous donner les
miens. Ce qui me laisserait croire à un acte religieux,
c'est qu'étant seul auprès de l'Empereur dans la matinée du 1er mai, M. l'abbé Vignali entra et me dit
que les intentions de l'Empereur, communiquées par
M. le comte Montholon, étaient d'être seul avec lui.
Quand l'abbé Vignali sortit de la chambre, je revins
auprès de l'Empereur ; je le trouvai, comme toujours,
calme et résigné, ne laissant rien apercevoir de ce
qui s'était passé. Quant à la conversation rapportée
par le docteur Antommarchi, elle s'est passée dans
la chambre à coucher, huit jours avant que l'Empereur la quittât pour aller dans le salon où il est
mort : j'étais présent ; cette conversation est exacte,
sauf l'omission du mécontentement éprouvé contre le

docteur à propos de son inconvenante hilarité dans un moment aussi solennel. Ne craignez pas de dire, sous ma responsabilité, qu'il fut *tancé d'importance*, comme il méritait.

« Ce fut à la suite de cette conversation qu'un autel fut élevé. Je regrette, Monsieur, de ne pouvoir vous donner de plus amples renseignements, mais ce sont les seuls à ma connaissance.

« Veuillez, je vous prie, accepter la considération distinguée avec laquelle j'ai l'honneur d'être, Mon-sieur,

« Votre très-humble et très-obéissant serviteur,

« MARCHANT. »

Ajoutons à ces témoignages celui de Drouot, qu'il suffit de nommer, de Drouot, cet héroïque soldat et cet admirable chrétien. Il écrivait à M. de Montesquiou :

« Par l'ensemble des relations que j'ai eu le bon-« heur d'avoir avec l'Empereur, j'ai acquis la con-« viction de ses sentiments religieux. »

Nous pourrions grossir beaucoup ce chapitre des *pièces justificatives;* mais à quoi bon? le lecteur n'a plus à former sa conviction.

Cependant il est un témoignage qu'il nous paraît utile de citer encore, celui de M. Michaud, de la *Bio-graphie universelle*, tant par l'importance de son tra-vail que par la haute impartialité de ses jugements. Dans sa biographie de Napoléon qui est tout un livre, il admet pleinement l'authenticité des conver-sations religieuses tenues à Sainte-Hélène par l'Em-

percur aont les convictions se réveillaient de plus
en plus vives. Nous citerons ce passage de Michaud :

« Depuis l'arrivée des abbés Buonavita et Vignali,
la messe fut dite chaque dimanche à Longwood et
tous les autres devoirs de la religion pratiqués exactement; circonstance assez remarquable de la part de
celui qui avait persécuté le Pontife romain avec tant
d'acharnement. Il s'en repentait sincèrement alors et
le disait sans déguisement, professant hautement la
plus grande admiration pour les vertus de Pie VII,
qu'il appelait un agneau. » Le récit que fait ensuite
l'historien de la mort chrétienne de l'Empereur, est,
chose remarquable! *identique* avec celui qu'on a lu
plus haut, soit pour les actes religieux accomplis,
soit pour les paroles prononcées.

II

Mais voici qui revêt une aussi haute importance,
et défie toute objection. C'est du côté du Saint-Siège
lui-même, que nous viennent de nouveaux arguments;
et si l'on pouvait soupçonner que, de l'entourage de
Napoléon, on eût voulu gazer la vérité, il faut cependant reconnaître que, dans celui du Pape, certains res-
souvenirs auraient dû en atténuer la valeur ; et, précisément, les documents pontificaux la confirment. Dans
les *Mémoires du* CARDINAL CONSALVI, publiés par M. Crétineau-Joly, en 1864, on trouve deux lettres officielles
qui montrent combien l'illustre exilé avait raison d'aimer, d'admirer de vénérer Pie VII, cet *agneau*. Voici ces

lettres si intéressantes à tous égards, et la première surtout, celle du Saint-Père, véritablement admirable, sublime :

PIE VII AU CARDINAL CONSALVI, A ROME

« Notre cardinal bien-aimé,

« Puisque votre santé ne se rétablit pas et que les affaires ne cessent de vous préoccuper, nous désirons très-vivement que vous preniez enfin quelques jours de repos pour mener ensuite à bon terme les diverses négociations dont vous êtes chargé. Les insomnies que vous éprouvez, et les travaux incessants auxquels vous vous livrez, presqu'à notre insu et contrairement à notre volonté, sont pour notre cœur un chagrin continuel.

« Nous tenons à vous conserver au gouvernement de l'Etat, et le meilleur moyen d'arriver à ce but de nos désirs, c'est de ne pas épuiser votre vie dans des travaux au-dessus des forces humaines. Vous ne pouvez pas, vous ne devez pas tout faire, et, grâce à Dieu, vous avez assez d'utiles et dignes auxiliaires pour vous permettre de vous épargner un peu. Allez passer une ou deux semaines à Tivoli, ou à Porto-d'Anzio, ou, mieux encore, venez à Albano, ce qui vous rapprochera de Castel-Gandolfo, et embellira encore pour nous les beaux jours dont nous jouissons ici.

« La famille de l'Empereur Napoléon nous a fait

connaître, par le cardinal Fesch, que le rocher de
l'île Sainte-Hélène est mortel, et que le pauvre exilé
se voit dépérir chaque minute. Nous avons appris
cette nouvelle avec une peine infinie, et vous la par-
tagerez sans aucun doute, car nous devons nous souvenir tous les deux, qu'après Dieu, c'est à lui prin-
cipalement qu'est dû le rétablissement de la religion
dans ce grand royaume de France. La pieuse et cou-
rageuse initiative de 1801 nous a fait oublier et pardonner depuis longtemps les torts subséquents. Savone et Fontainebleau ne sont que des erreurs de
l'esprit ou des égarements de l'ambition humaine ;
*le Concordat fut un acte chrétiennement et héroïque-
ment sauveur.*

« La mère et la famille de Napoléon font appel à
notre miséricorde et générosité ; nous pensons qu'il
est juste et reconnaissant d'y répondre. Nous sommes
certain d'entrer dans vos intentions en vous chargeant
d'écrire de notre part aux souverains alliés, et notamment au prince régent qui vous a donné tant de
témoignages d'estime. C'est *votre cher et bon ami*, et
nous entendons que vous lui demandiez d'adoucir les
souffrances d'un pareil exil.

« Ce serait pour notre cœur une joie sans pareille
que d'avoir contribué à diminuer les tortures de
Napoléon. Il ne peut plus être un danger pour quelqu'un ; nous désirerions qu'il ne fût un remords pour
personne . . . . . En priant la divine Providence
d'exaucer les vœux que nous formons pour le rétablissement de votre santé qui nous est si précieuse,

nous vous donnons de cœur la bénédiction apostolique. »

« Castel-Gandolfo, 6 octobre 1817.

« Pius PP. VII. ».

MADAME, MÈRE DE L'EMPEREUR NAPOLÉON
AU CARDINAL CONSALVI

« Je veux et je dois remercier Votre Eminence pour tout ce qu'elle a fait en notre faveur depuis que l'exil pèse sur mes enfants et sur moi. Mon frère, le cardinal Fesch, ne m'a point laissé ignorer de quelle généreuse façon vous aviez accueilli la demande de mon grand et malheureux proscrit de Sainte-Hélène. Le Cardinal m'a dit qu'à la prière si juste et si chrétienne de l'Empereur, vous vous étiez empressé d'intervenir auprès du gouvernement anglais et de chercher des prêtres dignes et capables. Je suis vraiment la mère de toutes les douleurs, et la seule consolation qui me soit donnée, c'est de savoir que le très-saint Père oublie le passé pour ne se souvenir que de l'affection qu'il témoigne à tous les miens.

« Mes fils, Lucien et Louis, qui s'honorent de votre inaltérable amitié, ont été bien sensibles à tout ce que le Pape et Votre Eminence ont fait à notre insu pour préserver notre tranquillité menacée par les puissances. Nous ne trouvons d'appui et d'asile que

dans le gouvernement, pontifical et notre reconnais·
sance est aussi grande que le bienfait. Je prie Votre
Eminence d'en déposer l'hommage aux pieds du saint
Pontife, Pie VII. Je parle au nom de toute ma famille
de proscrits, et au nom surtout de celui qui se meurt
à petit feu sur un rocher désert. Sa Sainteté et Votre
Eminence sont les seuls en Europe qui s'efforcent d'a-
doucir ses maux et qui voudraient en abréger le terme.
Je vous remercie tous deux avec mon cœur de mère
et je reste toujours de Votre Eminence la très-dévouée
et très-reconnaissante

« MADAME. »

Citons encore ce passage d'une lettre du comte de
Saint-Leu (Louis Napoléon, ex-roi de Hollande), en
date du 30 septembre 1821 :

« .... Nous jouissons à Rome de tous les droits de
cité et quand ma mère a appris de quelle manière si
chrétienne le Pape et Votre Eminence se vengeaient
de la prison de Fontainebleau et de l'exil de Reims,
elle n'a pu que vous bénir au nom de son grand et
malheureux mort, en versant de douces larmes pour
la première fois depuis les désastres de 1814. »

Dans l'ouvrage auquel nous empruntons ces lettres
se trouve encore, comme pour faire contre-poids à la
sévérité de divers passages, un document d'une importance particulière et qu'il ne nous est pas permis
d'oublier. Car cette *Note* de l'Empereur, écrite spon-
tanément, en dehors de toute influence, et sans préoccupation de publicité, semble l'expression vraie et

soudaine de sa pensée. On s'explique moins encore, après l'avoir lue, les événements qui plus tard contristèrent si fort les cœurs chrétiens.

Le Pape et l'Empereur échangeaient fréquemment des notes et des mémoires sur les affaires de l'Eglise : et sur celles du monde. Dans un de ces actes (daté du 11 mars 1805), l'Empereur, dit M. Crétineau-Joly, voyant que *M. de Talleyrand n'avait pas saisi et rendu toute sa pensée catholique*, lui dicta, sur la minute manuscrite, le paragraphe suivant :

« Si Dieu nous accorde la durée de la vie commune
« des hommes, nous espérons trouver des circons-
« tances où il nous sera permis de consolider et d'é-
« tendre le domaine du Saint-Père, et déjà aujourd'hui
« nous pouvons et voulons lui prêter une main secou-
« rable, l'aider à sortir du chaos et des embarras où
« l'ont entrainé les crises de la guerre passée, et par
« là donner au monde une preuve de notre vénération
« pour le Saint-Père, de notre protection pour la ca-
« pitale de la chrétienté, et enfin du désir constant
« qui nous anime de voir notre Religion ne le céder à
« aucune autre pour la pompe de ses cérémonies, l'é-
« clat de ses temples et tout ce qui peut imposer aux
« nations ; nous avons chargé notre oncle, le cardinal
« grand aumônier, d'expliquer au Saint-Père nos in-
« tentions et ce que nous voulons faire.

« Toujours fidèle au plan que l'Empereur s'est
« fait dès le principe, il *mettra sa gloire et son hon-*
« *neur à être un des plus fermes soutiens du Saint-*

« *Siége*, et un des plus sincères défenseurs de la pros-
« périté des nations chrétiennes. Il veut qu'on place
« au premier rang des actions qui ont jeté de l'éclat
« sur sa vie le respect qu'il a toujours montré pour
« l'Eglise de Rome et le succès des efforts qu'il a
« faits pour lui réconcilier le cœur et la foi de la
« première nation de l'univers. »

Comme pendant à cette Note, la lettre suivante,
antérieure, nous paraît intéressante à citer :

LETTRE DE NAPOLÉON, PREMIER CONSUL,
A PROPOS DU CONCORDAT

A Cambacérès.

« Ce que je viens de faire en faveur de la Religion
était absolument nécessaire : *c'est le fondementde la
République.* Sans cela notre gouvernement n'aurait
pas subsisté trois ans. Partout il faut que la Religion
soit d'accord avec l'autorité temporelle. Nous avons des
évêques, il nous faut des évêques; il nous faut un culte
et je ne pouvais m'adresser qu'au culte catholique.
J'avais bien les évêques constitutionnels, mais à quoi
auraient-ils été bons? Ils n'ont nulle part la confiance.
On m'aurait ri au nez si j'avais voulu les rétablir.
Il fallait donc s'adresser au Pape. Les philosophes ont
beau parler contre la religion, au bout du compte, il n'y
a rien de bien clair dans ce qu'ils disent. Qu'ils nous
expliquent seulement pourquoi nous nous trouvons

jetés sur cette terre, où nous allons après la mort. Que signifie tout cela ? Avec toute leur philosophie ils ne sauront jamais nous le dire.

« Nous avons mis dans le traité que le culte serait public. D'abord, nous ne le voulions pas ; mais le P. Caselli me fit remarquer que Jésus-Christ avait dit dans l'Evangile : *Ce que je vous dis à l'oreille, prêchez-le sur les toits.* Ce passage me frappa et me décida ; j'ai dit au Pape : « Je ne veux pas que vous m'accordiez rien de contraire à la Religion, je la respecte moi-même ; mais il ne faut pas me refuser telle ou telle chose que vous pouvez m'accorder.... » Il m'a accordé tout ce qu'il pouvait m'accorder. C'est un excellent homme. Le P. Caselli voulait que je fisse ma profession. Je lui ai dit que ce n'était pas nécessaire, que j'étais né de parents catholiques, que j'avais reçu le baptême, que j'avais fait ma première communion, qu'il suffisait que je disse que j'étais de la Religion catholique, et nous l'avons mis dans le traité, je lui ai promis de professer la religion toutes les fois qu'il le faudra ; que, quant à la pratique et à ce qu'il faut faire pour son salut, quelque jour cela viendrait. Voilà ce que j'ai fait. Nous avions en France la Religion catholique, nous l'aurons encore. »

APPENDICE

LES HÉROS CHRÉTIENS DE L'EMPIRE

DROUOT, CAMBRONNE, PONIATOWSKI

MACDONALD, MONCEY

NANSOUTY, DE BELLUNE, NEY, BUGEAUD, ETC.

Il a paru à l'écrivain chargé de revoir l'ouvrage
de feu M. de Beauterne que ce serait ajouter beaucoup à l'intérêt du livre et le compléter que d'y
joindre un nouveau chapitre sur les *Illustres guerriers
de l'Empire*, chrétiens dans leur noble vie, ou tout
au moins dans l'acte le plus solennel, celui où le
fond du cœur se montre. « Car on ne ment pas à
Dieu en face de la mort! » comme l'a écrit le brave
Caulaincourt dans son testament. L'auteur a tâché

de rendre aussi piquante que possible, dans leur
brièveté, ces Notices écrites avec une sympathie qui
n'exclut pas l'impartialité [1].

[1] Dans le troisième volume de la *France héroïque* se
trouvent des *Vies détaillées* de Drouot, Cambronne, Bugeaud,
et aussi d'autres guerriers illustres dont ne pouvait parler
l'Appendice, Marceau, La Tour d'Auvergne, Desaix, etc.

I

DROUOT (Antoine)

Dans son estime pour la vertu de Drouot, celui *qui se connaissait en hommes* le nommait le *sage de la grande armée.*

Et de sa capacité militaire, il ne faisait pas un moindre éloge. « L'Empereur, d'après le *Mémorial*, élevait au plus haut point les talents et les facultés de Drouot. Il n'hésitait pas à le supposer supérieur à un grand nombre de ses maréchaux et capable de commander cent mille hommes. Et peut-être ne s'en doute-t-il pas, ajoutait-il, ce qui ne serait en lui qu'un mérite de plus. »

Une autre fois encore il disait « qu'il n'existait pas deux officiers au monde pareils à Murat pour la cavalerie, à Drouot pour l'artillerie. »

Pourtant ce n'est que tardivement qu'il avait connu tout le mérite de Drouot. Mais, dès lors, dans toutes les circonstances critiques, dans ces solennels moments où il faut qu'un coup décisif décide du sort de la bataille, toujours on l'entendait s'écrier : *Drouot !... où est Drouot ?* Et Drouot accourait comme à Wagram, à Lutzen, à Bautzen, à Champaubert, etc.; il accourait avec ses cent pièces d'artillerie, et la victoire restait fidèle à nos aigles. Il ne tint pas à lui qu'il en fût de même à Waterloo, où il tira le dernier coup de canon.

Mais quels que fussent les talents militaires de Drouot, ce n'est pas à eux qu'il doit sa plus belle gloire ; non, tant d'admirables vertus, la bonté, le désintéressement, la droiture, la pureté des mœurs, la piété, la charité qu'il fit admirer dans les camps, comme à son retour de l'armée, illustrèrent surtout son nom d'une incomparable auréole. C'est parce qu'il reproduisait en lui les plus beaux types de la gloire guerrière, dans lesquels la vaillance héroïque s'unit à la piété, « que la bouche la plus éloquente de ce temps, peut-être, » au dire de M. Louis Veuillot, s'est plu à célébrer sa mémoire. On comprend que je veux parler de l'*Oraison funèbre* de Drouot, par le P. Lacordaire, à laquelle je regarde comme une bonne fortune de pouvoir emprunter quelques citations, par exemple, cet épisode relatif à la retraite de Russie :

« Il fallait aux victorieux fugitifs de Moscou, une autre science et un autre courage que ceux du soldat : il leur fallait la science de la force morale, le courage de souffrir et d'espérer toujours. Drouot les avait... Il résolut de les communiquer à ses compagnons d'armes, à ceux du moins qui lui étaient particulièrement confiés et qui allaient partager avec lui le sort de cette formidable aventure. Chaque matin donc, en plein air, comme s'il eût été sous le ciel de Naples, il ôtait son uniforme, ouvrait le col de sa chemise, appendait un miroir à l'affût d'un canon, se faisait la barbe et se lavait le visage devant toute sa troupe. Il n'y manqua pas un seul jour, à quelque degré douloureux que la température descendît. La Providence récompensa son dévouement. Il ramena jusqu'en Pologne toutes ses batteries sans avoir perdu un seul canon. C'est dire assez qu'il n'avait pas seulement sauvé le matériel, mais qu'il avait eu le bonheur de sauver aussi la plus grande partie de ses enfants. »

L'Empire tomba, et le vide se fit autour de l'Empereur. Mais Drouot, l'un de ses aides de camp depuis la campagne de Russie, « était de ces hommes, dit M. Veuillot, dont le cœur s'élève lorsqu'ils voient baisser la fortune. Il écrivit à son ami le général Evain (11 avril 1814) : « J'accompagne Sa Majesté à « l'île d'Elbe, et je ne quitte point dans l'adversité le « souverain que j'ai aimé et bien servi dans sa pros- « périté. Je renonce à ma patrie, à ma famille, à mes « affections les plus chères. Le sacrifice eût été mille « fois plus grand de renoncer à la reconnaissance. »

Dans les tristes jours qui précédèrent le départ, Napoléon demanda au général Drouot quelle était sa fortune.

— Environ deux mille quatre cents francs de rente, répondit le général.

— C'est trop peu ! qui sait l'avenir ? Il ne faut pas qu'après moi mes amis se trouvent dans le besoin, parce que leur dévouement à ma personne et au pays leur a fait négliger leurs propres intérêts, je vais vous donner deux cent mille francs.

— A Dieu ne plaise, Sire, répondit Drouot, que j'accepte. On dirait que l'Empereur, dans l'adversité, n'a trouvé d'amis qu'à prix d'or, et que je n'ai suivi Votre Majesté que pour ce motif.

A l'île d'Elbe, Drouot cumulait les fonctions de gouverneur avec celles de ministre des finances. Vers la fin de 1814, il eut à présenter son budget pour l'année suivante. L'Empereur, après l'avoir examiné, lui dit :

— Sur la liste des traitements, il y a un oubli ?

— Lequel, Sire ?

— Le traitement du gouverneur de l'île ? Pourquoi ne vois-je pas votre nom sur ce papier ?

— Sire, répondit Drouot, Votre Majesté me loge, elle me nourrit, elle me fait donner un cheval de son écurie lorsque j'ai l'honneur de l'accompagner dans ses promenades. Mes dépenses se réduisent donc à mon entretien, à un faible traitement pour mon secrétaire et aux gages de mon unique serviteur. Mon revenu, que Votre Majesté connaît, suffit et au-delà pour ces dépenses.

L'Empereur serra en silence la main de Drouot et prit le budget qu'il lui rendit deux jours après. Le gouverneur s'y trouvait porté pour une somme de six mille francs.

Drouot, lors du retour de Napoléon en France, se crut, par suite du serment qu'il lui avait prêté, obligé à le suivre, quoiqu'il désapprouvât l'expédition, et il ne le dissimula pas à l'Empereur. Après la seconde Restauration, traduit devant un conseil de guerre, mais acquitté, il se refusa dans sa chevaleresque fidélité à prêter un nouveau serment, et préféra, quoique jeune encore (il n'avait que quarante-deux ans), se résigner à la retraite. Il refusa même son arriéré de solde, s'élevant à plus de soixante mille francs dans la crainte qu'on n'en prît occasion de le rappeler à l'activité.

— Vraiment! je ne trouverais pas dans mon royaume un second Drouot! s'écria Louis XVIII, qui avait donné royalement l'ordre de liquider la pension en même temps que de payer l'arriéré.

Drouot, retiré à Nancy, sa ville natale, partageait son temps entre l'étude, la prière et les œuvres de charité. Pendant trente années, il donna l'exemple d'une vertu qui ne se démentit pas un seul jour, même dans les plus douloureuses épreuves; même quand la paralysie, jointe à la cécité, faisant de sa vie un martyre, le retenait prisonnier dans sa maison. « Dans cette maison, dit le P. Lacordaire, dont on approchait comme d'un sanctuaire, on n'entendit jamais que des actions de grâces et des louanges pour Dieu. »

Les revenus de Drouot, y compris sa retraite et son traitement de la Légion d'honneur, n'atteignaient pas douze mille francs; il régla ainsi sa dépense:

10.

deux mille quatre cents francs pour lui, tout le reste pour les malheureux ; et encore lui arrivait-il souvent de prendre pour ceux-ci sur ce qu'il s'était réservé à lui-même. Un jour qu'on lui faisait à ce sujet quelques observations, il répondit en souriant :

— Lorsque mes ressources seront entièrement épuisées ou bien qu'elles viendront à me manquer, je me présenterai à l'hospice Saint-Julien, et l'on ne me refusera pas un des lits que j'y ai fondés en faveur des vieux soldats.

Il toucha sur le legs de l'Empereur, beaucoup plus considérable, seulement soixante mille francs, qu'il distribua, sans en rien réserver, aux anciens militaires qu'il savait dans le besoin. Voici de son inépuisable charité un touchant exemple :

« Quelques mois avant sa mort, n'ayant plus rien à donner, il se souvint d'un grand uniforme qu'il conservait comme une sorte de relique de ses anciens jours. Il en fit découper et vendre les galons. Un de ses neveux en témoigna du regret, disant qu'il aurait eu du plaisir à le transmettre à ses enfants. « Mon ne-« veu, répondit le général, je vous l'aurais donné vo-« lontiers, mais j'aurais craint que vos enfants, en « voyant l'uniforme de leur oncle, ne fussent tentés « d'oublier une chose qu'ils doivent se rappeler tou-« jours, c'est qu'ils sont les petits-fils d'un boulan-« ger. » (Drouot, en effet, était fils d'un boulanger.)

Est-il besoin de dire que le principe, la source féconde de tant d'admirables vertus, c'était surtout la religion, la foi éclairée et pratique. « Drouot, dit le

P. Lacordaire, croyait à tout, il accomplissait tout...
il se confessait et communiait plusieurs fois dans
l'année, et on ne saurait dire avec quel respect militaire et filial il recevait dans sa solitude le Dieu qui
avait réjoui sa jeunesse, protégé sa vie de soldat, et
qui répandait sur la fin de ses jours une inénarrable
consolation. »

De cette mâle piété, les biographies du général
Drouot racontent maints touchants exemples. Mais
sur ce point comme sur plusieurs autres, forcé d'être
court, je dirai quelques mots seulement, me réser-
vant d'être plus tard complétement juste envers
Drouot.

Voici, dans une lettre de Drouot, citée par le brave
colonel Ambert, un de ses biographes, ce que nous
lisons : « Arrivé près du terme de ma carrière, j'attends en paix qu'il plaise au Seigneur de me rappeler à lui, et de m'admettre, comme je l'espère, dans
le séjour où seront récompensés ceux qui ont bien
aimé et bien servi leur patrie. »

Et quelques jours avant sa mort, il disait avec une
admirable sérénité, au milieu de souffrances crois-
santes : « J'attends tous les jours la mort, et puisque
telle est la volonté de Dieu, je m'en réjouis ; car je
vais retrouver ma mère, mon père, et mon Empereur. »
Ce furent presque les dernières paroles du général
Drouot. « Soldat sans tache, dit le P. Lacordaire,
qui termine son discours par ce magnifique éloge,
capitaine habile et intrépide, ami fidèle de son prince,
serviteur ardent et désintéressé de la patrie, solitaire

stoïque, chrétien sincère, humble, chaste, aimant les pauvres jusqu'à se faire pauvre lui-même. l'homme enfin le plus rare, sinon le plus accompli, que le XIXe siècle ait présenté au monde dans la première moitié de son âge. »

II

CAMBRONNE

L'un de nos héros les plus populaires, surtout par le mot fameux : *La garde meurt et ne se rend pas !* que cependant, à ce qu'il paraît, il n'aurait point prononcé. Plus d'une fois, dit-on, lui-même l'a déclaré ; et, d'après un de ses biographes, M. Ch. Du Rozoir, qui l'affirme pertinemment, le mot aurait été fabriqué dans un café au coin de la rue Feydeau par feu Rougemont, et le soir même inséré par lui dans son journal. Mais qui sait si Rougemont n'était pas lui-même l'écho de quelqu'un des glorieux vaincus de Waterloo? Quoi qu'il en soit, que Cambronne, à Waterloo, se soit servi de la phrase historique ou d'un équivalent plus bref et non moins énergique, il est certain que, debout et intrépide au milieu de ses carrés foudroyés, il répondit par un refus à la sommation qui lui fut faite de mettre bas les armes ! Et l'on continua de se battre, tant qu'enfin Cambronne, couvert de sang et de blessures, tomba, et

en apparence mortellement atteint. On le retrouva
parmi des monceaux de cadavres respirant encore, et
les vainqueurs, dans l'admiration de son courage, lui
prodiguèrent les soins les plus empressés. Transporté
à Bruxelles, il put guérir. A peine convalescent, impatient d'embrasser *sa vieille et bonne mère*, il envoya sa soumission au roi Louis XVIII, mais dans
des termes qui ne pouvaient que l'honorer. Il eût pu
invoquer à l'appui, outre tant de glorieux services,
les généreux exemples donnés par lui en Vendée, à
une époque où il y avait à cela plus que du mérite.
Capitaine dans la légion Nantaise qui combattait les
royalistes, il n'avait pas montré moins de modération que de courage. Maintes fois il avait laissé échap
per des prisonniers ; il avait caché dans une autre
occasion, pendant deux mois, chez sa mère, un pauvre prêtre auquel la loi défendait sous peine de mort
de donner asile. Lors de la catastrophe de Quiberon,
un grand nombre d'émigrés, pris les armes à la main,
lui durent la vie.

Cambronne apprit, bientôt après l'envoi de sa lettre
au roi, qu'il était compris dans la liste des dix-neuf
officiers supérieurs ou des généraux qui devaient
être traduits devant les conseils de guerre. Il n'hésita pas cependant ; il rentra en France et se présenta
avec une noble confiance devant le tribunal militaire, où, défendu par M. Berryer fils, l'illustre orateur qui préludait alors à ses triomphes, il fut acquitté à l'unanimité. Rappelé à l'activité, il commanda quelque temps la place de Lille, puis il prit

sa retraite et vint habiter son village natal « où, dit Feller, l'illustre guerrier, étranger à la gloire comme aux événements de la politique, donna l'exemple de toutes les vertus civiques et religieuses qu'il est bien difficile de séparer. Il mourut, entouré des siens, au mois de février 1842, après avoir demandé et reçu les secours de la religion. »

Un autre biographe donne sur cette mort des détails admirables et touchants, qu'on est heureux de pouvoir reproduire :

« Celui qui avait été si fidèle à son prince, dit M. Ch. Du Rozoir, n'oublia pas ce qu'il devait à son Dieu. Il reçut de la manière la plus édifiante les derniers sacrements de l'Eglise. Bien qu'il fût abattu par le mal, ce n'était pas sans attendrissement qu'on le voyait de temps en temps se ranimer, joindre les mains et s'unir aux prières que l'on faisait pour lui. A l'exposé des souffrances du Sauveur que le prêtre rappela à son souvenir, il se sentit ému et crut devoir faire une profession publique de sa foi, en prononçant, de manière à être entendu de toute l'assistance, ces courtes, mais énergiques paroles : « *Certum est;* cela est certain. »

« Il remercia plusieurs fois avec effusion madame Cambronne, sa femme, de lui avoir procuré, malgré la différence de leurs croyances [1], les secours de la

---

[1] Quel exemple et quelle leçon pour certains catholiques si lâches et si coupables, qui se placent comme une barrière entre le prêtre et le lit du mourant!

religion catholique, et ses derniers mots à cette digne compagne de sa vie furent ces paroles consolantes :

« Courage, ma chère, j'espère que nous nous re-
« verrons au ciel. »

« Rien donc ne manque à la gloire de Cambronne : après avoir déployé pendant sa vie tout le courage des anciens preux, il est mort avec la foi d'un pieux chevalier. Tels s'étaient montrés à leurs derniers moments les Du Guesclin et les Bayard. »

III

PONIATOWSKI (Joseph)

Quoique Poniatowski eût à se plaindre de la politique française qui n'avait pas fait tout ce qu'elle aurait dû et pu pour sa patrie (Napoléon le reconnut trop tard), il fut admirable de dévouement aux jours du malheur. Le prince Poniatowski est assurément une des plus nobles figures de cette époque héroïque, lui aussi, brave entre les braves. Pendant la campagne de Russie, il forma constamment avec ses Polonais l'avant-garde de la grande armée. « Dans cette campagne si pénible, dit la *Biographie universelle*, le prince se fit constamment un devoir particulier de surveiller ses soldats et d'arrêter les excès qui, dans d'autres corps de l'armée, rompaient tous les liens de la discipline. Le cinquième corps (celui qu'il commandait) avait acquis une réputation si honorable que les habitants des contrées placées sur sa route ne quittaient point leurs demeures. En entrant à Moscou, le prince fit publier que tout soldat qui quitterait les rangs serait considéré comme pillard et fusillé. »

Pendant la retraite qui fut si désastreuse, le prince maintint dans le cinquième corps la discipline la plus sévère; aussi les Polonais ramenèrent à Varsovie leur artillerie sans qu'il en manquât une pièce.

Lorsque s'ouvrit la campagne de 1813, Poniatowski, toujours à la tête de ses Polonais, se trouva constamment aux postes les plus périlleux. Dans le combat du 16 octobre, il fut le héros de la journée, et l'armée entière applaudit à des prodiges d'héroïsme dont s'étonnaient les plus vaillants. L'Empereur proclama Poniatowski, sur le champ de bataille même, maréchal de France, « voulant, disait-il, tout à la fois donner au prince une marque de sa haute estime en même temps que l'attacher plus étroitement aux destinées de la France. » Le soir, au bivouac, comme les Polonais s'empressaient autour du nouveau maréchal pour le féliciter, il leur répondit :

— Je suis fier d'être le chef des Polonais; toute autre distinction n'est rien à mes yeux.

Quelque temps auparavant, il n'avait pas craint de dire tout haut dans un grand dîner auquel assistait l'ambassadeur de France à Varsovie, le baron Bignon :

— Je dois beaucoup à l'Empereur; je suis prêt à lui prouver en toute occasion mon dévouement; mais si j'avais à choisir entre lui et mes compatriotes, je n'hésiterais pas.

Cette hardie et patriotique parole fut rapportée à

l'Empereur ; il ne parait pas, d'après ce qu'on a vu, qu'il en gardât rancune au héros polonais.

Après la sanglante journée du 18 octobre, Poniatowski fut chargé de protéger la retraite de l'armée française, et, quoiqu'il n'eût plus guère avec lui que 700 fantassins et 60 cavaliers, il réussit à contenir les forces de plus en plus nombreuses de l'ennemi. Il se retirait sur Pégau, lorsque tout à **coup** il apprit que, par un fatal malentendu sans doute, les ponts derrière lui se trouvaient coupés. Alors, tirant son sabre, il dit à ses soldats :

— Mourons comme il convient à des Polonais; mais du moins vendons chèrement notre vie.

Et il se précipite, tête baissée, sur une colonne prussienne ébranlée du choc et qu'il force à reculer ; mais, dans cette furieuse attaque, il est de nouveau blessé (car déjà il l'avait été dans la journée). Ses soldats, alors l'entourent et le conjurent de s'éloigner en se conservant à la Pologne pour des jours meilleurs. Il s'y refuse et s'écrie avec une héroïque énergie :

— Dieu m'a confié l'honneur des Polonais, je veux le remettre entre ses mains.

Puis il s'élance de nouveau dans la mêlée, suivi de ses quelques braves. Cependant blessé une troisième fois, et hors d'état de combattre, ne voulant pas faire de sa mort inutile une espèce de suicide, il se résigne avec douleur à quitter le champ de bataille. Il réussit à passer la Pleisse ; mais bientôt il se trouve arrêté par l'Elster, beaucoup plus profond et plus

large. Un instant il hésite; mais les ennemis arrivent
en foule... Alors il pique des éperons et se précipite
dans le fleuve; il ne reparut plus.... son cheval,
épuisé par la fatigue du combat sans doute, blessé
probablement aussi, l'engloutit avec lui dans les flots.
Au milieu de tant d'immenses désastres, la mort de
Poniatowski ne passa pas inaperçue. Les Polonais le
pleurèrent comme la dernière espérance de la patrie.
En France même, sa renommée devint populaire, et
le souvenir de l'héroïque et infortuné Poniatowski,
noyé dans l'Elster (catastrophe dont l'image orna
bientôt toutes les chaumières), ne contribua pas peu
aux sympathies de la France pour le pays des Jagel-
lons et de Sobieski.

IV

MACDONALD

Voici l'un des plus beaux faits d'armes de Macdonald et même de nos annales militaires. Au moment où il se disposait à faire sa jonction avec
Moreau (1799), une armée russe lui ferme le passage près de la Trébia, célèbre par la victoire d'Annibal :

« Là, dit M. de Ségur dans son éloquent éloge du
maréchal Macdonald, pendant trois jours d'une triple
bataille, l'une des plus acharnées de nos annales,
28,000 Français contre 50,000 Russes tinrent la fortune en balance, et donnèrent vainement à Moreau
le temps de la faire pencher en faveur de la France.
La victoire enfin resta à Sowarow, mais si sanglante,
que dans son étonnement le rude Moscovite ne put
s'empêcher de s'écrier :

— Encore un semblable succès et nous aurons
perdu la Péninsule !

« Cependant Macdonald a été trompé dans son attente, son armée est épuisée, il est blessé lui-même, et, quand il faut qu'il recule, le torrent grossi derrière lui s'oppose à sa retraite. Autour de lui les courages s'étonnent ; mais lui, calme et serein, les relève :

« — Pour des gens de cœur, dit-il, rien n'est impossible !

« — Alors se retournant, il arrête encore les efforts des Russes, protége le passage de ses débris, et au delà rencontrant les Autrichiens sur une étroite chaussée, seule voie de salut qui lui reste, il crie à ceux des siens dont il veut prendre la tête de lui faire place. En ce moment une décharge à mitraille renverse la moitié du rang qu'il vient commander et ceux qui sont restés debout, montrant la brèche, lui répondent héroïquement :

« — Passez, général, voilà de la place !...

« — Ce fut par cette trouée sanglante qu'il s'élança, entraînant sa colonne, et s'ouvrit jusqu'à la rivière de Gênes la plus glorieuse des retraites. »

Cette seule bataille ne suffirait-elle pas à la gloire du héros ? Il n'entre pas dans notre plan de raconter sa carrière militaire, si magnifique ; quelques traits encore cependant :

A Wagram, avec deux divisions, Macdonald enfonce le centre de l'armée autrichienne couvert par plus de 200 pièces de canon.

— C'est à présent entre nous à la vie, à la mort ! lui dit, en le nommant maréchal de France sur le champ de bataille même, l'Empereur qui avait conçu contre le brave général des préventions mal fondées.

Après cette bataille de Wagram, Macdonald fut laissé à Gratz avec un corps d'armée. L'ordre et la discipline qu'il maintint parmi ses troupes furent tels que le pays s'aperçut à peine de la présence de l'armée victorieuse. Aussi les Etats reconnaissants voulurent offrir au général, lors de son départ, un présent de 200,000 florins. Il les refusa aussi bien qu'un magnifique écrin, en disant :

— Si vous croyez me devoir quelque chose, je vous laisse un moyen de vous acquitter par les soins que vous prendrez des 300 malades que je laisse dans votre ville.

Voilà qui est plus beau encore que la plus glorieuse bataille.

Macdonald, après les désastres de 1814, témoigna de sa loyale fidélité envers Napoléon en s'efforçant de conserver la couronne à celui qui fut depuis l'infortuné duc de Reichstadt ; il échoua dans ses négociations auprès des souverains. L'Empereur n'en fut pas moins reconnaissant de son dévouement, et, lors du retour de Macdonald à Fontainebleau, il lui dit :

— Monsieur le maréchal, je ne suis plus assez riche pour récompenser vos derniers services. Cependant, voici, je crois, un présent qui vous fera plaisir comme souvenir d'un ancien ami.

Et il lui offrit un sabre qu'il avait porté à la bataille de Mont-Thabor.

— Sire, répondit le maréchal, si jamais j'ai un fils, ce sabre sera son plus bel héritage ; quant à moi, je le garderai toute ma vie.

— Donnez-moi la main maintenant, maréchal, dit l'Empereur.

Mais par un mouvement plus prompt que la pensée, au lieu de se serrer la main, ils se jetèrent dans les bras l'un de l'autre, et se quittèrent les larmes aux yeux.

Macdonald, dégagé par l'Empereur lui-même de ses serments, envoya son adhésion au nouveau gouvernement. Nommé à un commandement important par la royauté, il lui resta inébranlablement fidèle, malgré la défection générale de ses troupes. Cette fermeté d'âme, au milieu de circonstances si difficiles et des entraînements de parti, ne peut que l'honorer grandement devant l'histoire impartiale.

Dans le *Chant du sacre* de M. de Lamartine, on trouve sur Macdonald ces beaux vers :

> MACDONALD, des héros le juge et le modèle,
> Sous un nom étranger il porte un cœur fidèle ;
> Dans nos sanglants revers moderne Xénophon,
> La France et l'avenir ont adopté son nom,
> Et son bras, dans les champs d'Arcole et d'Ibérie,
> En sauvant les Français a conquis sa patrie.

Longtemps chancelier de la Légion d'honneur, le maréchal Macdonald y a laissé les souvenirs encore vivants de l'administration la plus paternelle. Terminons, comme nous avons commencé, en empruntant à M. de Ségur, si bien placé pour connaitre et apprécier notre héros, quelques lignes encore :

« Il était de ceux dont les dehors heureux sont,
d'une âme pure et généreuse, la digne et fidèle
image. Rien en lui ne dissimulait. Son âme ressortait
dans tous les traits de sa noble figure... »

L'un des fondateurs de la Société pour l'amélioration du sort des prisonniers, sommes-nous heureux
d'ajouter encore, Macdonald prit part à toutes les
œuvres de bienfaisance exécutées à cette époque.
Est-il besoin de dire après cela qu'il était chrétien?

V

LE GÉNÉRAL BERTRAND

Certains passages de l'ouvrage de feu de Beauterne ont pu sembler un peu défavorables au général Bertrand. Aussi nous croyons juste de rapporter ici quelques traits tout à l'honneur du général et que nous empruntons surtout à sa biographie écrite par M. Paulin, qui parle *de visu*, puisqu'il fut l'aide de camp de Bertrand.

Pendant la campagne de 1814, toujours auprès de l'Empereur, le général Bertrand prit une part brillante aux combats de Brienne, de Champaubert et surtout de Montmirail. A cette dernière affaire, on le vit, dans un moment critique, prendre le commandement d'un bataillon de la vieille garde pendant que le maréchal Lefebvre en entrainait un autre, et charger les Russes qui furent culbutés.

— C'est la première fois, dit l'Empereur sur le champ de bataille même, que l'on a vu des maréchaux de France charger à la tête d'un bataillon.

Lors de la défaite des alliés à Montereau, le grand

maréchal rencontre une masse d'officiers et de soldats wurtembergeois, restés prisonniers, et qui, exténués de fatigue, manquant de tout, vont périr de misère et d'inanition. Emu d'une généreuse pitié, il expédie aussitôt à franc étrier un de ses aides de camp à Paris pour lui rapporter tout l'argent dont son banquier pouvait disposer, afin de le distribuer aux Wurtembergeois. Il se souvenait que ces braves avaient combattu sous ses ordres à Wurtchen pour l'honneur du drapeau français.

Pendant les Cent-Jours; le général Bertrand, comme grand maréchal, dut signer tous les décrets et proclamations de l'Empereur. L'un d'eux était le décret accordant une amnistie générale; mais un article exceptait 13 personnes qui devaient être traduites devant les tribunaux. Lorsque cette pièce fut présentée à la signature du grand maréchal :

— Ce n'est pas là, dit-il, ce que l'Empereur nous avait promis, je ne signerai pas une pareille mesure.

Napoléon le pressa vivement, et, sur ses refus réitérés, il lui dit :

— Mais vous voulez donc séparer votre cause de la mienne?

— Ah ! Sire, Votre Majesté peut-elle le penser ?

— Eh bien ! signez donc !

— Sire, mon affection même pour Votre Majesté comme ma conscience me fait un devoir de m'y refuser.

Bertrand resta inébranlable et le décret ne fut pas contre-signé.

« Le général Bertrand, a dit de lui M. Charlemagne, qui fut son collègue dans la Société d'agriculture de l'Indre, le général Bertrand, homme de cour avec toute la franchise et la loyauté du soldat, doux, facile même dans les relations ordinaires de la vie, montrait dans les occasions importantes une fermeté inébranlable ; dévoué jusqu'à l'abnégation la plus complète, il savait résister jusqu'à la désobéissance quand sa conscience le lui commandait.

« Habile à cacher ses bienfaits, il fallut deviner l'usage qu'il avait fait d'une partie du legs de l'Empereur, et son vieux professeur, tombé dans la misère au retour de l'émigration, attribua toujours à la munificence du gouvernement la pension que lui payait la reconnaissance de son ancien élève. Le désintéressement était encore une de ses vertus. Longtemps à la source de toutes les grâces et des faveurs, Bertrand n'a laissé à ses enfants que le patrimoine qu'il tenait de ses pères. »

A ce portrait, fidèle assurément, bien que tracé par la main d'un ami, il est permis d'indiquer quelques ombres. On regrette de voir le brave général, dont la Restauration avait su noblement honorer le dévouement à l'exilé de Sainte-Hélène, se rallier si vite à la dynastie de Juillet, et en même temps se montrer, comme député à la Chambre, le champion de certaines idées plus que libérales. On sait qu'il terminait chacun de ses discours par cette phrase stéréotypée dans les imprimeries et qui faisait sourire la gauche elle-même : *Je vote pour la liberté illimitée de la presse.*

Mais ce qu'on ne peut contester au général Bertrand, et ce qui l'honore à jamais, c'est la persévérance de sa noble fidélité dont il donna, après tant d'années, vers la fin de sa vie, une dernière et touchante preuve. Presque septuagénaire, il voulut s'embarquer sur *la Belle-Poule*, qui, commandée par un capitaine de vaisseau, vrai marin, quoique prince, se rendait à Sainte-Hélène pour en ramener la dépouille mortelle de l'Empereur. A peine de retour, le général Bertrand, malade par suite des fatigues du voyage sans doute, était forcé de s'aliter, et il expirait quelques semaines après (31 janvier 1844), couronnant sa glorieuse vie par une mort chrétienne. En voici les circonstances touchantes, d'après le récit d'un témoin oculaire :

Lorsque le général, tombé malade, se fut alité, le curé de Châteauroux, M. l'abbé Mohac, s'empressa de rendre visite à son illustre paroissien. Les plus célèbres médecins de Paris entouraient le lit du malade dont l'état semblait grave. Aussitôt que le général aperçut son curé, il lui tendit la main en disant, sans s'intimider par le respect humain :

— Vous venez pour me confesser, monsieur le curé, je vous remercie de votre visite et je serai heureux de remplir tous mes devoirs de chrétien.

Ce qu'il fit à la grande édification de toute sa pieuse famille.

VI

MONCEY

Le nom de Moncey est resté justement populaire
par la part héroïque qu'il prit à la défense de Paris,
en 1815. Ce fut lui en quelque sorte qui tira le dernier coup de fusil.

Lors du procès de Ney, nommé président de la
commission qui devait juger l'accusé, dans l'espoir
de sauver un ancien compagnon d'armes, il se récusa
en écrivant au roi Louis XVIII cette noble lettre :

« J'ai cru, lui disait-il, que la même voix qui avait
blâmé les guerres d'Espagne et de Russie pouvait
parler le langage de la vérité au meilleur des rois. »

Moncey fut envoyé au fort de Ham pour trois mois.
Mais sa disgrâce fut de courte durée ; Louis XVIII,
qui n'avait cédé, paraît-il, dans ces circonstances,
qu'à des exigences supérieures et implacables, prouva
au maréchal qu'il était digne de le comprendre en lui
rendant bientôt toute sa faveur.

Moncey, que Napoléon, à Sainte-Hélène, appelait

un *honnête homme*, et d'une intégrité austère en effet, mourut en avril 1842, gouverneur des Invalides, où, pour la réforme de quelques abus, il avait fait preuve, malgré son âge, d'une remarquable énergie. Il mourut en léguant à la commune de Moncey, où il possédait un château, douze mille francs, pour la fondation et l'entretien d'une école chrétienne. « Sa vie privée, dit un consciencieux biographe, toujours pure comme sa vie militaire, fut signalée par de nombreux actes de bienfaisance. Toutes les entreprises formées dans un but utile, charitable, trouvaient en lui un patron zélé et généreux. »

Un grand poète a dit de MONCEY :

C'est MONCEY ! Des combats le bruit l'a rajeuni.
Malgré ses traits flétris sous les glaces de l'âge,
Les camps l'ont reconnu... mais c'est à son courage.

VII

LE MARÉCHAL NEY

Au retour de la campagne de Russie, l'Empereur, frappé de l'énergie qu'avait montrée le prince de la Moskowa dans ces terribles circonstances, se plaisait à répéter :

— J'ai deux cents millions dans mes caves ; je les donnerais pour Ney.

Pourtant ce soldat, si héroïque en face de l'ennemi, dans la politique manqua d'esprit de conduite, et, lors des événements de 1814 et 1815, il parut comme frappé de vertige. C'est le jugement qu'en a porté Napoléon lui-même à Sainte-Hélène. Mais l'erreur de sa conduite, à cette époque, s'explique par le trouble général des esprits dans le pêle-mêle de tant d'événements inattendus, par l'entraînement des circonstances, et surtout par cette fougue de caractère que le maréchal, faute d'une éducation première, n'avait pas appris à maîtriser. Ney ne savait pas se défier de la soudaineté de ses impressions ; et cette impétuosité du premier élan, qui le rendait sublime sur le champ de bataille, lui devait être funeste ailleurs. On sait son procès et sa mort tragique.

Pendant la délibération suprême qui devait aboutir à un si terrible arrêt, le maréchal, qu'avait fatigué le procès, dîna. Remarquant, dit un écrivain contemporain, que ses gardes l'épiaient d'un œil inquiet et paraissaient craindre qu'il n'abusât contre lui-même d'un couteau dont il s'était servi pendant son repas, il le jeta loin de lui en disant avec un sourire :

— Croyez-vous donc que je ne sache pas mourir ?

Le secrétaire général de la cour de justice vint peu après pour lire au maréchal son arrêt. Comme M. Cauchy avec une noble délicatesse exprimait à l'illustre guerrier tout ce que cette mission avait pour lui de pénible, Ney lui dit avec calme :

— Faites votre devoir, Monsieur ; chacun doit faire le sien. Et il écouta tranquillement la lecture.

Le matin du jour suivant, il fit ses adieux à sa femme et à ses enfants. Après cette scène qui fut des plus déchirantes, car il fallut emporter la maréchale évanouie, Ney, encore tout ému, paraissait en proie à de douloureuses réflexions. L'un des gardes royaux de service s'approchant lui dit avec l'accent de la sympathie et la généreuse liberté du soldat chrétien :

— Monsieur le maréchal, au moment où vous êtes, ne pensez-vous pas à Dieu ?

— Vous avez raison, dit le maréchal en relevant

la tête, vous êtes un brave homme et je vous remercie. Faites prier monsieur le curé de Saint-Sulpice de vouloir bien se rendre ici, on le dit bon consolateur.

On fit avertir aussitôt le digne prêtre, qui s'empressa d'accourir et passa trois quarts d'heure avec le maréchal, dont il entendit la confession.

Lorsqu'il se retirait, Ney le pria de revenir pour l'accompagner jusqu'au lieu de l'exécution :

— C'était mon intention ! répondit le prêtre, et il s'y trouva en effet.

A neuf heures du matin, le **7** décembre, un carrosse de place arrivait près de la terrasse dominant sur le jardin. On y conduisit le maréchal, accompagné du curé de Saint-Sulpice. Ney invita celui-ci à monter le premier en lui disant :

— Montez, monsieur le curé, je serai là-haut plus tôt que vous.

La voiture suivit la grande allée sur l'ancien terrain des Chartreux ; elle était escortée par 200 soldats vétérans. Chemin faisant le maréchal s'entretint avec le curé ; il lui dit entre autres choses :

— Je suis parti de rien pour arriver vous savez où ; les honneurs, la fortune, j'ai eu tout ce qu'un homme peut désirer, et cependant je n'ai jamais été heureux.

Quelque temps après, il dit encore :

— Vous prierez pour moi, monsieur le curé. Tenez, voilà pour vos pauvres ! Et il remit au curé **tout** l'argent qu'il avait sur lui.

La voiture s'arrêta au bout de l'allée à gauche, en dehors de la grille, à l'endroit où s'élève aujourd'hui la statue de Ney. Le maréchal descendit de voiture, embrassa le curé fort ému, et, comme on voulait lui bander les yeux, il dit :

— C'est inutile! depuis vingt-cinq ans je suis habitué à regarder la mort en face.

Puis se présentant au peloton de vétérans qui l'attendaient la main sur leur arme :

— Soldats, cria-t-il d'une voix forte, droit au cœur !

Et il tomba percé de douze balles, trois à la tête, neuf à la poitrine.

Le corps porté à l'hospice voisin fut le lendemain conduit au cimetière du Père-Lachaise, où repose, à l'ombre de la croix, celui que l'Empereur avait surnommé le *Brave des braves.*

VIII

DE NANSOUTY

COLONEL GÉNÉRAL DES DRAGONS

Etienne de Nansouty, descendant d'une noble famille, conquit tous ses grades à la pointe de l'épée.
« Homme des camps, dit un biographe, il attacha son
nom à la plupart de ces grandes journées où nos soldats prodiguèrent leur sang pour faire oublier celui
qu'on avait versé sur les échafauds. L'un des meilleurs officiers de cavalerie que la guerre ait produits,
il était brave, humain, désintéressé, et conservait au
milieu des camps la politesse de nos anciennes mœurs.
Il sauva constamment la vie aux émigrés que le sort
des armes faisait tomber entre ses mains. »

Pendant la campagne de France, il donna surtout
des preuves de son héroïque intrépidité en même
temps que de son humanité. C'est de lui cette belle
parole qu'alors on lui entendit souvent répéter :

— On ne se figure pas ce que c'est que d'entendre de malheureux paysans se plaindre en français.

On cite encore de lui, à la même époque, le trait suivant :

A une affaire près de Fontainebleau, l'Empereur lui commande d'enlever avec ses cavaliers un retranchement hérissé de canons, et d'où l'ennemi faisait un feu épouvantable. Les cavaliers se précipitent tête baissée sur la redoute, mais inutilement ; les soldats tombent par files entières dans cette entreprise qui semble désespérée. Tout à coup le général Nansouty, qui s'est ému en voyant ainsi moissonner ses braves, arrête les escadrons et s'avance seul hors des rangs, L'Empereur, qui de loin l'aperçoit, étonné, lui envoie demander la raison de ce mouvement, et pourquoi on cesse de marcher sur la redoute.

— Dites à l'Empereur, reprend Nansouty, que j'y vais seul ; il n'y a là qu'à mourir.

L'Empereur fait cesser l'attaque.

Par suite des fatigues de la campagne, sans doute, le général, tombé malade, succomba après de longues souffrances. « Il expira, dit la Biographie de Michaud, dans les sentiments religieux qui font de la mort la plus simple une grande action, et qui, donnant de la noblesse aux moindres faits d'une vie chrétienne, les élèvent à la dignité de l'histoire. »

IX

CAULAINCOURT, BEAUHARNAIS, JOURDAN VICTOR, DAVOUT, ETC.

A cette glorieuse liste on pourrait encore (si nous n'étions forcé de nous borner) ajouter bien des noms illustres : DE CAULAINCOURT, soldat intrépide, diplomate éminent, gentilhomme de cœur et de naissance, et dont le testament atteste les sentiments si religieux; — DE BEAUHARNAIS, le noble fils de Joséphine, et si prodigue de riches présents pour *Notre-Dame de Lorrette*, que ses prédécesseurs n'avaient pas craint de dépouiller; — JOURDAN, l'humble disciple de l'abbé Jourdan son oncle; — VICTOR, duc de Bellune, mort si pieusement entre les bras de l'abbé de Brézé; et dont on a dit :

> Plus brave que son nom, plus grand que sa fortune,
> Partout où la patrie a des coups à pleurer,
> Son corps criblé de balles est là pour les parer,
> Et fidèle au malheur, encor plus qu'à la gloire,
> Ses revers ont toujours l'éclat d'une victoire.

Davout, prince d'Eckmühl, assisté par son chapelain, l'abbé Gley, qui lui administra tous les secours de la religion.

— Vous connaissez, dit le maréchal au digne et savant prêtre, le respect que j'ai toujours professé pour la religion, jusque dans un règlement militaire que j'ai rédigé pour les soldats malades, lorsque je commandais dans le Nord. Mes sentiments religieux sont les mêmes en ce moment.

Citons encore Excelmans, qu'on vit si assidu aux conférences du P. de Ravignan; — Suchet, duc d'Albuféra. L'illustre guerrier répondait à son neveu, qui lui confiait son intention de renoncer à la carrière militaire pour entrer dans le sacerdoce : — Tu ne dérogeras pas !

Et d'autres encore que nous pourrions ajouter, s'il ne fallait clore enfin cette liste déjà longue.

X

LE MARÉCHAL BUGEAUD

Nous ne pouvons cependant résister au désir de placer dans cette galerie de héros chrétiens, et pour la terminer magnifiquement, le brave maréchal Bugeaud, encore que par la plus glorieuse partie de sa vie il appartienne à une époque plus récente de notre histoire. Néanmoins il date de l'Empire, puisqu'en 1815 il était déjà colonel. Et l'on cite de lui à cette même date cet éclatant fait d'armes :

« Le 28 juin 1815, dit un biographe, le colonel Bugeaud était campé à l'Hôpital-sous-Conflans, en Savoie, avec son régiment, lorsqu'il fut attaqué par 10,000 Autrichiens. Il était là, comme il l'a dit lui-même plus tard, aux Thermopyles ; car s'il laissait passer l'ennemi, nos troupes qui se trouvaient dans la vallée de Maurienne étaient compromises ; il se dévoue ; et, après dix heures d'un combat acharné, il fait 800 prisonniers, tue 2,000 hommes à l'ennemi, le met en fuite et reste maître du champ de bataille. »

L'intrépide Bugeaud, qui avait dû tous ses grades
à son épée, préludait ainsi admirablement à ces mer-
veilleuses campagnes d'Afrique qui devaient plus
tard assurer définitivement à la France la possession
de sa plus belle colonie. Nous ne nous étendrons pas
sur cette période si brillante de la vie militaire du
héros d'Isly, notre cadre ne le permet pas ; nous
comptons d'ailleurs y revenir dans un autre ouvrage.
Bornons-nous quant à présent à ces quelques traits
qui peignent l'homme.

Un jour qu'à la tribune on reprochait au général
Aymar d'avoir renversé quelques maisons pour
épargner le sang des soldats, Bugeaud se leva et il
répondit dans son style énergique :

« Est-ce que les soldats sont des Hottentots ? C'est
le plus pur sang de la France , il faut en être avare
et ne pas craindre de renverser des maisons plutôt
que de le faire couler ! Pour moi , ces maisons se-
raient-elles en marbre de Paros ; je les ferais sauter
à l'instant ! »

N'avait-il pas cent fois raison ? Le brave maréchal
ne se bornait pas aux paroles. Sa sollicitude pour le
soldat était extrême. « L'esprit du maréchal , dit
M. L. Veuillot, qui s'honore d'avoir été quelque temps
comme le secrétaire de l'illustre capitaine, l'esprit
du maréchal s'élevait à tout, descendait à tout. Il
n'accordait pas moins d'importance à un détail d'é-
quipement, de campement ou d'hôpital, qu'à un plan
d'expédition. Vingt usages ingénieux qui allégent les
fatigues de la marche et les privations du bivouac

viennent de lui. Ses soins pour le soldat et l'amitié du soldat pour lui sont restés célèbres. Ce n'était pas sa politique, c'était son cœur qui lui dictait cette vigilance paternelle. Il fallait entendre les soldats parler du père Bugeaud, de leur vieux père. »

On ne peut mieux dire.

Enfant d'une époque malheureuse, élevé dans les champs et dans les camps, et toujours occupé de quelque lutte guerrière et politique, Bugeaud, pendant longtemps, n'élevait pas son esprit à des pensées plus hautes. Mais éclairé par l'expérience, en présence surtout de terribles catastrophes et devant ces abîmes où la société menaçait de s'engloutir, il comprit que l'épée ne suffit pas à protéger les sociétés, et que la croix surtout est leur véritable palladium.

« On nous a mal élevés, disait-il alors à M. Veuillot, « et nous avons fait fausse route, et la société s'est « perdue. Mais, reprenait-il, du moins n'ai-je pas à « me reprocher d'avoir jamais haï ni attaqué la reli- « gion. » C'est vrai et modeste : loin de l'attaquer, il l'avait servie.

« Jamais sans lui les Trappistes n'auraient pu surmonter les difficultés de leur établissement à Staouéli. Un pauvre prêtre, ne consultant que sa charité, s'était chargé de faire vivre quelques centaines d'orphelins qui vaguaient dans Alger, sans appui et sans asile. Le maréchal admira son zèle et fut bientôt son plus *utile* patron. Tout à coup on vint lui révéler un grand mystère, on avait fait une étrange découverte : ce prêtre était un *Jésuite*. En ce moment-là, les Jésuites étaient désignés en France par la presse , par la tribune et par les corps enseignants , comme le plus grand péril de la société ; et il y avait des gens en Algérie qui les estimaient plus à craindre que les Arabes. Le maréchal se contenta de demander au donneur d'avis s'il se chargerait des deux cents orphelins que le *Jésuite* nourrissait.

« Éloigné pour le service des camps, dit encore l'éminent écrivain, de sa famille qui était si chère , il allait au combat portant sur sa poitrine une médaille de la sainte Vierge que lui avait donnée sa plus jeune fille; et tous ceux qui l'entouraient ont pu se convaincre du prix qu'il attachait à ce talisman. Quel bon sourire illuminait son mâle visage, lorsque, le soir, en le quittant, je lui disais :

— Maréchal, pensez au Dieu que l'on prie à Excideuil. »

On sait que le maréchal ne s'en tint pas là ! La fin de sa vie fut ce qu'on devait attendre de la droiture de son cœur et de son loyal caractère. Surpris par une violente maladie, il se hâta de faire appeler le prêtre et accomplit avec une tranquille fermeté tous les devoirs du chrétien. Sa mort, quoiqu'elle n'ait pas été celle des champs de bataille, fut pour lui encore une dernière victoire.

XI

LE GÉNÉRAL DE MONTHOLON

Il avait été si souvent question dans ce livre, de
M. de Montholon, qu'il nous parut comme inutile de
lui consacrer une Notice particulière. Cependant
quelques personnes ayant semblé regretter cette la-
cune, nous sommes heureux qu'une réimpression
nous permette de leur donner satisfaction, encore que
les exigences de mise en page nous forcent à être
court.

Né à Paris, en 1783, d'une famille noble, Montholon (Charles Tristan) à peine âgé de dix ans, s'em-
barquait comme élève de marine à bord de la fré-
gate *la Junon*, qui fit partie de l'escadre commandée
par l'amiral Truguet, lors de l'expédition contre la
Sardaigne. En 1798, il entra dans l'armée de terre,
et s'éleva promptement au grade d'officier supérieur.

Chef d'escadron au 18 brumaire, il fit avec distinction les campagnes d'Italie, de Prusse, d'Autriche, de Pologne. Blessé à Essling, après Wagram, il fut créé comte et attaché à la personne de l'Empereur, puis chargé par celui-ci de plusieurs missions diplomatiques dans lesquelles il fit preuve d'autant de tact que d'habileté. En 1814, il se trouvait à Fontainebleau et présenta à l'Empereur un plan hardi pour rallier les troupes de l'Est et relever sa fortune. L'Empereur ne crut pas devoir accepter, mais, dans la prévision d'un avenir dont il ne désespérait pas, il dit à Montholon :

— Restez en France et gardez-moi votre fidélité.

— Oui, Sire, répondit Montholon qui se crut absolument engagé par cette parole. Aussi fut-il en vain sollicité par ses parents et amis, en particulier par M. de Semonville, son beau-père, et Macdonald son beau-frère, de se rallier au nouveau gouvernement. Il refusa et se tint à l'écart, se croyant d'autant plus libre, lors du retour de l'île d'Elbe, d'aller rejoindre l'Empereur qui le fit son aide de camp (il était général depuis longtemps).

On a vu comment Montholon fut amené à partir pour Sainte-Hélène. « Là, dit un biographe non partial, après le départ de Las Cases, en novembre 1816, et celui de Gourgaud, quelques temps après, tout le poids du travail retomba sur Montholon. Celui-ci passait la plus grande partie de la journée et souvent la nuit auprès de Napoléon soit pour écrire sous sa dictée, soit pour la lecture ou la conversation. Montholon veilla nuit et jour à son chevet comme un fils aurait pu le faire et reçut son dernier soupir. Ce fut lui qui, sur la recommandation expresse de l'Empereur, lui ferma les yeux... De retour en France, il lui aurait été facile par ses relations de famille de s'assurer une belle position. Il préféra rester indépendant, et, avec les deux millions que lui avait légués l'Empereur, il entreprit diverses spéculations qui tournèrent d'une manière désastreuse et fut obligé de se retirer en Belgique d'où il revint après 1830 seulement. »

Et 1840, M. de Montholon, on le sait, figurait comme chef d'était-major dans l'expédition tentée à Boulogne par la prince Louis-Napoléon dont il partagea la captivité au château de Ham. Rendu à la liberté, après l'évasion du Prince, il s'occupa de diverses publications, une entre autres ayant pour titre : *Récits de la captivité de Sainte-Hélène* (1847).

Envoyé à l'Assemblée législative (1849) par le suffrage universel, le général de Montholon y siégea honorablement, mais un peu silencieusement jusqu'à la dissolution de l'assemblée. Admis à la retraite comme officier général, mais placé dans le cadre de réserve, il mourut en 1853, le 23 août et dans des sentiments qui ne nous semblent pas devoir être douteux, d'après tout ce qu'on a lu de lui.

Il laissait un fils qui occupe un rang élevé dans

la diplomatie. Il fut, pendant quelque temps, le représentant de la France auprès du jeune et infortuné Prince qui s'était dévoué généreusement à l'œuvre glorieuse de la régénération du Mexique, et dont une catastrophe si terrible a terminé la vie.

FIN

TABLE

CHAPITRE PREMIER.

Un mot de M. le comte de Montholon. — Sentiments religieux de l'Empereur. — Témoignages à l'appui. — Conversation intéressante avec le cardinal Fesch. — Le doute n'est
plus possible 11

CHAPITRE DEUXIÈME.

L'Empereur et l'abbé Vignali. — L'Empereur veut la messe
dans sa chambre tous les jours, depuis le 21 avril, jusqu'à
sa mort le 5 mai. — Mot naïf et sublime de l'Empereur. —
Visite de l'auteur à M. le comte de Montholon. — L'Empereur religieux et chrétien. — Lettre officielle du général
Bertrand pour avoir un prêtre à Sainte-Hélène. — L'Empereur écrit lui-même au cardinal Fesch. — Document
inédit de Hudson Lowe sur ce sujet............... 29

CHAPITRE TROISIÈME.

Témoignage non suspect de M. Thiers. — Bonaparte à l'é-
poque du Consulat. — Religieux par tempérament. — Ses

discussions avec les savants incrédules. — Ni protestant, ni
schismatique. — Il veut le Pape, le vrai Pape. — Lettre à
M. de Champagny. — Nombreuses anecdotes : Balayez cette
canaille ; le son des cloches ; le blessé russe ; le matelot anglais ; la bulle d'excommunication. — Conversation de l'Empereur avec l'abbé Emery, etc...................... 46

CHAPITRE QUATRIÈME.

Arrivée de deux prêtres missionnaires à Sainte-Hélène. —
Accueil qu'ils reçoivent d'Hudson Lowe et de l'Empereur.
— Notice biographique de ces deux ecclésiastiques, écrite
par eux-mêmes pour l'Empereur. — Napoléon faisant l'éloge
de sa mère. — La première messe à Sainte-Hélène. — Egards
de Napoléon pour le plus âgé des deux ecclésiastiques. —
On fait *maigre* à Sainte-Hélène. — Les galanteries des rois
flétries par l'Empereur. — Preuves de l'existence de Dieu
par l'Empereur. — Son horreur pour le matérialisme. —
Parallèle du protestantisme et du catholicisme. — La cène
selon les protestants et selon les catholiques. — Mot profond sur le mystère de la Croix.................... 63

CHAPITRE CINQUIÈME

Le P. Lacordaire et Napoléon. — Sur la divinité de Jésus-
Christ. — Objections. Magnifique réponse de l'Empereur.
— Le christianisme et les fausses religions. — Jésus-Christ
est un être exceptionnel, absolument différent de quoi que
ce soit. — Les conquêtes de César, d'Alexandre, d'Annibal,
de Napoléon comparées à celles du Christ. — Mahomet et
le Coran. — Etre athée ou chrétien. — Le Christ imposteur
ou Dieu. — Explication de la durée des hérésies. — Eloge
de l'Evangile. — La foi est le bonheur. — Les fondateurs

d'empires et de religions se sont servis du nom de Dieu, sans oser l'usurper pour eux. — Le Christ est le seul qui exige d'une manière absolue et exclusive, pour lui seul, le culte suprême. — Le miracle permanent de la charité.. 85

CHAPITRE SIXIÈME.

Napoléon pressent sa mort prochaine. — Son jugement sur l'Angleterre. — La comète de Napoléon et celle de César. — Besoin d'une obscurité profonde. — Examen et condamnation des doctrines de *Gall*, de *Cagliostro* et de *Mesmer*. — Napoléon et l'abbé Buonavita. — Ennuis et isolement de l'Empereur. — Dévouement et départ de l'abbé Buonavita. — Egards touchants de l'Empereur pour le bon abbé. — Nouvelle de la mort de la princesse Elisa 119

CHAPITRE SEPTIÈME.

L'Empereur est averti de se préparer à mourir. — Il redemande un testament au général Bertrand. — Second testament. — Son testament est un résumé de sa vie politique. — Son premier valet de chambre Marchant. — Son indulgence pour Marie-Louise. — Legs à l'abbé Vignali. — Résigné à mourir. — Appel à ses braves qu'il va revoir dans l'autre monde 125

CHAPITRE HUITIÈME.

L'heure de mourir. — Chrétiens et Français sont synonymes. — Objection contre le sacrement de pénitence. — L'Empereur et le pape Pie VII causant *de la confession*. — Opinion de Napoléon sur la confession. — Le pénitent de l'abbé Vignali. — Ses dispositions et ses ordres pour mourir chré-

tion. — Entrevue de l'Empereur avec son confesseur. — Souvenir de la première communion. — La nuit du 30 avril. — Dialogue religieux avec le général Montholon. — Le saint Viatique. — Autel construit par ordre de l'Empereur. — Paroles de l'Empereur. — Sa mort chrétienne........ 130

CHAPITRE NEUVIÈME.

Témoignages écrits de Montholon, Bertrand, Marchant Drouot, Michaud, Pie VII........................ 147

APPENDICE.

LES HÉROS CHRÉTIENS DE L'EMPIRE : Drouot, Cambronne, Poniatowski, Macdonald, Moncey, Nansouty, de Bellune, Ney, Bugeaud. Montholon, etc.................... 167

PARIS. — IMP. P. TÉQUI, 92, RUE DE VAUGIRARD.